# 水經卷第二十八

漢桑欽撰　後魏酈道元注

## 沔水中

沔水又東過襄陽縣北

沔水又東逕方山北山上有鄒恢碑魯宗之所立也山下潭中有杜元凱碑元凱好尚後名作兩碑並述巳功一碑沉之峴山水中一碑下之於此潭曰百年之後何知不深谷爲陵也山下水曲之隈云漢女昔遊處也故張衡南都賦曰遊女弄珠於漢皐之曲漢皐卽方山之異名也

沔水又東合檀溪水

水出縣西柳子山下東爲鴨湖湖在馬鞍山東北武陵王愛其峯秀改曰望楚山溪水自湖兩分北渠即溪水所導也北逕漢陰臺西臨流望遠按眺農圃情邈灌蔬意寄漢陰故因名臺矣又北逕檀溪謂之檀溪側有沙門釋道安寺卽溪之名以表寺目也溪之陽有徐元直崔州平故宅悉人居故習鑿齒與謝安書云每省家舅司檀溪念崔徐之友未嘗不撫膺躊躕惆悵終日矣溪水傍城北注昔劉備爲景升所謀乘的顱馬西走墜於斯溪西去城里餘北流注于沔一水東南出應劭曰城在襄水之陽故曰襄陽也是水常卽襄水也城北枕沔水即襄陽縣之故城也王莽之相陽矣楚之北津戍也今大城西壘是也其土古鄀都盧羅之地

秦滅楚置南郡號北爲北部焉建安十三年魏武平荆州分南郡立爲襄陽郡荆州刺史治邑居隱賑冠蓋相望一都之會也城南門道東有三碑一碑是晉太傅羊祜碑一碑是鎮南將軍杜預碑一碑是安南將軍劉儼碑並是學生所立城東門外二百步劉表墓太康中爲人所發見表夫妻其尸儼然顏色不異猶如平生墓中香氣遠聞三四里中經月不歇今墳冢及祠堂猶高顯整頓城北枕沔水水中常苦蛟害襄陽太守鄧遐負其氣果拔劒入水蛟繞其足遐揮劒斬蛟流血丹水自後患除無復蛟難矣昔張公遇害亦亡劒於是水後雷氏爲建安從事逕踐瀨溪所陷之劒忽於其懷躍



出落水初由是劒後變爲龍故吳均劒騎詩云劒是兩蛟龍張華之言不孤爲驗矣

沔水又逕平魯城南

城魯宗之所築也故城得厥名矣東對樊仲山甫所封也漢晉春秋稱桓帝幸樊城百姓莫不觀有一老父獨耕不輟議郎張温使問焉父嘯而不答温因與之言問其姓名不告而去城周四里南半淪水建安中關羽圍于禁於此城會沔水泛溢三丈有餘城陷禁降龐德奮劒乘舟投命於東岡魏武曰吾知于禁三十餘載至臨危授命更不如龐德矣城西南有曹仁記水碑杜元凱重刊其後書伐吳之事也

又從縣東屈西南淯水從北來注之
襄陽城東有東白沙白沙北有三洲東北有宛口
即淯水所入也
沔水中有魚梁洲
龐德公所居士元居漢之陰在南白沙故世謂是
地爲白沙曲矣司馬德操宅洲之陽望衡對宇懽
情自接泛舟褰裳率爾休暢豈待還桂柂於千里
貢深心於永思哉水南有曆臺號曰景升臺盖劉
表治襄陽之所築也言表盛遊於此常所止憩表
性好鷹嘗登此臺歌野鷹來曲其聲韻似孟達上
堵吟矣
沔水又逕桃林亭東

又逕峴山東山上有桓宣所築城孫堅死於此又
有桓宣碑羊祜之鎮襄陽也與鄒潤甫嘗登之及
祜薨後人立碑於故處望者悲感杜元凱謂之墮
淚碑山上又有征南將軍胡羆碑又有征西將軍
周訪碑山下水中杜元凱碑處
沔水又東南逕蔡洲
漢長水校尉蔡瑁居之故名蔡洲洲大岸西有洄
湖停水數十畝長數里廣減百步水色常渌楊儀
居上洄楊顒居下洄與蔡洲相對在峴山南廣昌
里又與襄陽湖水合水上承鴨湖東南流逕峴山
西又東南流注白馬陂水又東入侍中襄陽侯習
郁魚池郁依范蠡養魚法作大陂陂長六十步廣

四十步池中起釣臺池北亭郁墓所在也列植松篁於池側沔水上郁所居也又作石伏逗引大池水於宅北作小魚池池長七十步廣十二步西枕大道東北二邊限以高堤楸竹夾植蓮芡覆水是遊宴之名處也山季倫之鎮襄陽每臨此池未嘗不大醉而還恒言此是我高陽池故時人爲之歌曰山公出何去往至高陽池日暮倒載歸酩酊無所知其水下入沔沔水西又有孝子墓河南秦氏性至孝事親無倦親沒之後負土成墳常泣血墓側人有詠蓼莪者氏爲泣涕悲不自勝於墓所得病不能食虎常乳之百餘日卒今林木幽茂號曰孝子墓也其南有蔡瑁冢冢前刻石爲大鹿狀甚




大頭高九尺制作甚工

沔水又東南邑城北

習郁襄陽侯之封邑也故曰邑城矣

沔水又東合洞口

水出安昌縣故城東北大父山西南流謂之白水又南逕安昌故城東屈逕其縣南縣故蔡陽之白水鄉也漢元帝以長沙卑濕分白水上唐二鄉爲舂陵縣光武即帝位改爲章陵縣置園廟焉魏黃初二年更從今名故義陽郡治也白水又西南流而左會昆水水導源城東南小山西流逕今山北又西南流逕縣南西流注于白水水北有白水陂其陽有漢光武故宅基址存焉所謂白水鄉也蘇

伯河望氣處也光武之征秦豐幸舊邑置酒極懽張平子以爲真人南巡觀舊里焉東觀漢記曰明帝幸南陽祀舊宅召校官子弟作雅樂奏鹿鳴上自御塤篪和之以娛賓客又於此宅矣白水又西合濜水水出于襄鄉縣東北陽中山西逕襄鄉縣之故城北按郡國志是南陽之屬縣也濜水又西逕蔡陽縣故城東西南流注于白水又西逕其城南建武十六年世祖封城陽王祉世子本爲侯國應劭曰蔡水出蔡陽東入淮今於此城南更無別水唯是水可以當之川流西流苦其不東且淮源岨礙山河無相入之理蓋應氏之誤耳洞水又西南流注于沔水



又東過中盧縣東淮水自房陵縣淮山東流注之

縣即春秋廬戎之國也縣故城南有水出西山山有石穴出馬謂之馬穴山漢時有數百匹馬出其中馬形小似巴滇馬三國時陸遜攻襄陽於此穴又得馬數十匹送建業蜀使至有家在滇池者識其馬毛色云其父所乘馬對之流涕其水東流一百四十里逕城南名曰浴馬港言初得此馬洗之於此因以名之亦云乘出沔次浴之又曰洗馬溉渡沔宿處名之曰騎亭然侯水諸蠻北遏是水南壅淮川以周田溉下流入沔

沔水又東南流逕黎丘故城西

其城下對繕州秦豐居之故更名秦洲王莽之敗

也秦豐阻兵於黎丘黎丘城在觀城西二里建武三年光武遣征南岑彭擊豐二年朱祐自觀城淪豐於黎丘是也沔水又南與疎水合水出中廬縣西南東流至即縣北界東入沔水謂疎口也水中有物如三四歲小兒鱗甲如鯪鯉射之不可入七八月中好在磧上自曝膝頭似虎掌爪常没水中出膝頭小兒不知欲取弄戲便殺人或曰人有生得者摘其皐厭可以小使名爲水唐者也

又南過邔縣東北邔一作印

沔水之左有騎城周廻二里餘高一丈六尺即騎亭也縣故楚邑也秦以爲縣漢高帝十一年封黃極忠爲侯國縣南有黃家墓墓前有雙石闕彫制



甚工俗謂之黃公名尚爲漢司徒沔水又東逕猪蘭橋橋本名荻蘭橋橋之左右豐蒿荻於橋東劉季和大養猪襄陽太守曰此中作猪屎臭可易名猪蘭橋百姓遂以爲名矣橋北有習郁宅宅側有魚池池不假功自然通洫長六七十步廣十丈常出名魚

沔水又南得木里水會

楚時於宜城東穿渠上口去城三里漢南郡太守伍寵又鑿之引蠻水灌田謂之木里溝逕宜城東而東北入于沔謂之木里水口也

又南過宜城縣東夷水出自房陵縣東流注之

夷水蠻水也桓温父名夷改曰蠻水夷水導源中

廬縣界康狼山山與荆山相隣其水東南流歷宜城西上謂之夷溪又東南逕羅川城故羅國也又謂之鄢水春秋所謂楚人伐羅渡鄢者也夷水又東南流與零水合零水即沶水也上通梁州沒陽縣之默城山司馬懿出沮之所由其水東逕新城縣之沶鄉縣分房陵立謂之沶水又東歷軨鄉謂之軨水晉武帝平吳割臨沮之北鄉中廬之南鄉立上黃縣治軨鄉沶水又東歷宜城西山謂之沶溪東流合於夷水謂之沶口也與夷水亂流東出謂之淇水逕蠻城城南在宜城南三十里春秋若敖自羅敗退及鄢亂次以濟淇水是也夷水又東注于沔昔白起攻楚引西山谷水即是水者也



舊堨去城一百許里水從城西灌城東入注爲淵今熨斗陂是也水潰城東北角百姓隨水流死於城東者數十萬城東皆臭因名其陂爲臭池後人因其渠流以結陂田城西陂謂之新陂覆地數十頃西北又爲土門陂從平路渠以北木蘭橋以南西極土門山東跨大道水流周通其水自新陂東入城城故鄢郢之舊都秦以爲縣漢惠帝三年改曰宜城其水歷大城中逕漢南陽太守秦頡墓北墓前有二碑頡鄀人也以江夏都尉出爲南陽太守逕宜城中見一家東向頡住車視之曰此居處可作冢後卒於南陽喪還至昔住車處車不肯進故吏爲市此宅葬之孤墳向塋冢前有二碑城南

有宋玉宅玉邑人雋才辨給善屬文而識音也其水又逕金城前縣南門有古碑猶存其水又東出城東注臭池臭池溉田陂水散流又入朱湖陂朱湖陂亦下灌諸田餘水又下入木里溝木里溝是漢南郡太守王寵所鑿故渠引鄢水也灌田七百頃白起渠溉三千頃膏良肥美更爲沃壤也縣有太山山下有廟漢末多士其中刺史二千石卿長數十人朱軒華蓋同會於廟下荆州刺史行部見之雅歎其盛號爲冠蓋里而刻石銘之此碑於永嘉中治爲人所毀其餘文尚有可傳者其辭曰峨峨南岳烈烈離明寔敷儁乂君子以生惟此君子作漢之英德爲龍光聲化鶴鳴此山以建安三年



崩聲聞五六十里雉皆屋雊縣人惡之以聞侍中龐季云山崩川竭國土將亡之占也十三年魏武平荆州沔南彫散

沔水又逕鄀縣故城南

古鄀子之國也秦楚之間自商密遷此爲楚附庸楚滅之以爲邑縣南臨沔津津南有石山上有古烽火臺縣北有大城即楚昭王爲吳所迫絶郢徙都之所謂鄢郡盧羅之地也秦以爲縣

沔水又東敖水注之

水出新市縣東北又西南太陽山西南流逕新市縣北又西南而右合枝水水出大洪山而西南流逕襄陽郡縣界西南逕秋城東南左注敖水敖水

又西南流注于沔寔曰澨口沔水又南逕石城西城因山爲固晉太傅羊祜鎮荆州立晉惠帝元康九年分江夏西部置竟陵郡治此

沔水又東南與臼水合

水出竟陵縣東北耶屈山一名盧屈山西流注于沔魯定公四年吳師入郢昭王奔隨濟于成臼謂是水者也又東過荆城東

沔水自荆城東南流逕當陽縣之章山東

山上有故城太尉陶侃伐杜曾所築也禹貢所謂内方山至于大別者也既濱帶沔流寔會尚書之文矣

沔水又東右會權口

水出章山東南流逕權城北古之權國也春秋魯莊公十八年楚武王克權權叛圍而殺之遷權於那處是也東南有那口城權水又東入于沔

沔水又東南與陽口合

水上承江陵縣赤湖江陵西北有紀南城楚文王自丹陽徙此平王城之班固言楚之郢都也城西南有赤坂罡罡下有瀆水東北流入城名曰子胥瀆盖吳師入郢所開也謂之西京湖又東北出城西南注于龍陂陂古天井水也廣圓二百餘步在靈溪東江堤内水至淵深有龍見于其中故曰龍陂陂北有楚莊王釣臺高三丈四尺南北六丈東西九丈陂水又逕郢城南東北流謂之楊水又東

北路曰湖水注之湖在大港北巷南曰中湖南堤
下曰昏官湖三湖合爲一水東通荒谷荒谷東岸
有治父城春秋傳曰莫敖縊於荒谷羣師囚於治
父謂此處也春秋水盛則南通大江否則南迄江
堤北逕方城西方城即南蠻府也又北與三湖會
故盛弘之曰南蠻府東有三湖源同一水盖徙治
西府也宋元嘉中通路自湖下注楊水以廣運漕
楊水又東歷天井北井在方城北里餘廣圓二里
其深不測井有潛室見輒兵西岸有天井臺因基
舊堤臨際水湄遊憩之佳處也楊水又東北流得
東赤湖水口湖周五十里城下陂池皆來會同湖
東北有大置臺高六丈餘縱廣八丈一名清暑臺



秀宇層明通望周博遊者登之以暢遠情楊水又
東入華容縣有靈港水西通赤湖水口已多下湖
周五十里城下陂池皆會來同又有子胥瀆盖入
郢所開也水東入離湖湖在縣東七十五里國語
所謂楚靈王闕爲石郭陂漢以象帝舜者也湖側
有章華臺臺高十丈基廣十五丈左丘明曰楚築
臺於章華之上韋昭以爲章華亦地名也王與五
舉登之舉曰臺高不過望國之氛祥大不過容宴
之俎豆盖譏其奢而諫其失也言此瀆靈王立臺
之日漕運所由也其水北流注于楊水楊水又東
北與祥溪水合水出江陵縣北盖諸池散流咸所
會合積以成川東流逕魯宗之壘南當驛路水上

有大橋隆安三年桓玄襲殷仲堪於江陵仲堪北奔縊於此橋祚溪又東注船宫湖湖水又東北入女觀湖湖水又東入于楊水楊水又北逕竟陵縣西又北納巾吐柘柘水即下楊水也巾水出縣東一百九十里西逕巾城下城下置巾水戍晉元熙二年竟陵郡上巾水戍山得銅鍾七口言之上府巾水又西逕竟陵縣北西逕楊水謂之巾口水西有古竟陵大城古鄖國也鄖公辛所治所謂鄖鄉矣昔白起拔郢東至竟陵即此也秦以爲縣王莽之守平矣世祖建武十三年更封劉隆爲侯國城傍有甘魚陂左傳昭公十三年公子黒肱爲令尹次于魚陂者也楊水又北注于沔謂之楊口中夏口也曹太祖之追劉備於當陽也張飛按矛於長坂備得與數騎即趣漢津遂濟夏口是也沔水又東得滙口其也承大滙馬骨諸湖水周三四百里及其夏水來同若若滄海洪潭巨浪縈連江沔故郭景純江賦云其傍側有珠涯舟漅是也

又東南逕江夏雲杜縣東夏水從西來注之

即睹口也爲中夏水縣故邔亭左傳所謂若敖娶於邔是也禹貢所謂雲土夢作又故縣取名焉縣有雲夢城城在東北

沔水又東逕左桑

昔周昭王南征船人膠舟以進之昭王渡沔中流而沒死於是水齊楚之會楚侯曰昭王南征之不

復寡人是問屈完曰君其問諸水濱庾仲雍言村老云百姓佐昭王喪事於此成禮而行故曰佐喪左桑字失體耳

沔水又東合區亮水口

水北承亮湖南逹于沔

沔水又東得合驛口

庾仲雍言須導村耆舊云朝廷驛使合王喪於是因以名焉今須導村正有大斂口言昭王於此殯斂矣

沔水又東謂之横桑

言得昭王喪處也

沔水又東謂之鄭潭



言鄭武公與王同溺水於是今謂世數既懸爲不近情矣斯乃楚之鄭鄉守邑大夫讃公言故世以爲鄭公潭耳

沔水又東得死沔

言昭王濟自是死沔故有死沔之稱王尸豈逆流乎但千古芒昧難以昭知推其事類似是而非矣

沔水又東與力口合

有溳水出竟陵郡新陽縣西南河地山東流逕新陽縣南縣治雲杜胡城分雲杜立溳水又東南流注宵城縣南大湖又南入于沔水是曰力口

沔水又東南溳水入焉

沔水又東逕沌水口水南通縣之太白湖湖水東

南通江又謂之沌口
沔水又東逕沌陽縣北
處沌水之陽也沔水又東逕林鄣故城北晉建興
二年太尉陶侃爲荆州鎮此也
又南至江夏沙羡縣北南入于江
庾仲雍曰夏口一曰沔口矣尚書禹貢云漢水南
至大別入江春秋左傳定公四年吳師伐郢楚子
常濟漢而陳自小別至于大別京相璠春秋土地
名曰大別漢東山名也在安豐縣南杜預釋地曰
二別近漢之名無縁乃在安豐也案地說言漢水
東行觸大別之陂南與江合則與尚書杜預相符
但今不知所是矣



沔水與江合流又東過彭蠡澤
尚書禹貢匯澤也鄭玄曰匯回也漢與江鬬轉東
城其澤矣
又東北出居巢縣南
古巢國也湯伐桀桀奔南巢即巢澤也尚書周有
巢伯來朝春秋文公十二年夏楚人圍巢巢郡舒
國也舒叛故圍之永平元年漢明帝更封菑丘侯
劉般爲侯國也江水自濡須口又東左會柵口水
導巢湖東逕烏上城北又東逕南譙僑郡城南又
東絕塘逕附農山北又東左會清溪水水出東北
馬子硯之清溪也東逕清溪城南屈而西南流歷
山西南流注柵水謂之清溪口柵水又東左會白

石山水水發白石山西逕李鵲城南西南注柵水
柵水又東南積而爲竇湖中有洲湖東有韓縱山
山上有城山北湖水東出爲後塘北湖湖南即塘
也塘上有潁川僑郡故城也湖竇湖水東出謂之
湖竇口湖水東出逕刺史山北歷韓縱山南逕流
二山之間出王武子北城城在刺史山上湖水又
東逕右塘穴北爲中塘塘右四水中水出格虎山
北山上有虎山有郭僧坎城水北有趙祖悅城並
故東關城也昔諸葛恪帥師作東興堤以遏巢湖
傍山築城使將軍全端留畧等各以千人守之魏
遣司馬昭督鎮東諸葛誕率衆攻東關三城將毀
堤遏諸軍作浮梁陳於堤上分兵攻城恪遣冠軍



丁奉等登塘鼓譟奮擊朱異等以水軍攻浮梁魏
征東胡遵軍士爭渡梁壞投水而死者數千塘即
東興堤城亦關城也柵水又東南逕高江產城南
胡景城北又東南逕張祖禧城南東南流屈而北
逕鄭衛尉城西魏事已難用取悉推舊訪新畧究
如此又北委折蒲浦出焉柵水又東南流注于天
江謂之柵口水

又東過牛渚縣南又東至石城縣

經所謂石城縣者即宣城縣郡之石城縣也牛渚
在姑熟烏江兩縣界中也於石城東北減五百許
里安得逕牛渚而方界石城也蓋經之謬僁也
分爲二其一東北流其一又過毗陵縣北爲北江

地理志曰毗陵縣舊會稽之屬縣丹徒縣也北二百步有故城本毗陵郡治也舊去江三里岸稍毀遂至城下城北有楊州刺史劉繇墓淪于江江即北江也經書在北江則可又言東至餘姚則非考其逕流知經之悞矣地理志曰江水自石城東出逕吳國南爲南江江水自石城東入爲貴口東逕石城縣北晉太康元年隸宣城郡東合天溪溪水首受江北逕其縣故城東又北入南江

南江又東與貴長池水合

水出縣南郎山北流爲貴長池池水又北注于南江

南江又南東逕宣城之臨城縣南





又東合注涇水

南江又東與桐水合

又東逕安吳縣號曰安吳溪又東旋溪水注之水出陵陽山下逕陵陽縣西爲旋溪水昔縣人陽子明釣得白龍處後三年龍迎子明上陵陽山山去地千餘丈後百餘年呼山下人上山半語與谿中子安問子明釣車所在後二十年子安死山下有黃鶴棲其冢樹鳴常呼子安故縣取名焉晉咸康四年改曰廣陽縣漢水又北合東溪水水出南里山北逕其縣東桑欽曰淮水出縣之東南北入大江其水又北歷蜀由山又北左合旋溪北逕安吳縣東晉太康元年分宛陵立縣南有落星山山有

懸水五十餘丈下爲深潭潭水東北流左入旋溪
而同注南江之北即宛陵縣界也
南江又東逕寧國縣南
晉太康元年分宛陵置南江又東逕故彰縣南安
吉縣北光和之末天下大亂此保險守節漢朝嘉
之中平二年分故彰之南鄉以爲安吉縣縣南有
釣頭泉懸湧一仞乃流于川川水下合南江
南江又東北爲長瀆歷河口
江南東注于具區謂之五湖口五湖謂長塘湖太
湖射貴湖滆湖也郭景純江賦曰注五湖以漫漭
蓋言江水經緯五湖而苞注太湖也是以左丘明
述國語曰越伐吳而戰於五湖是也又云范蠡滅



吳返至五湖而辭越斯乃太湖之攝通稱也虞翻
曰是湖有五道故曰五湖韋昭曰五湖今太湖也
尚書謂之震澤爾雅以爲具區方圓五百里湖有
苞山春秋謂之夫椒山有洞室入地潛行北通瑯
耶東武縣俗謂之洞庭旁有青山一名夏架山山
有洞穴潛通庭山上有石鼓長丈餘鳴則有兵故
吳記曰太湖有苞山在國西百餘里居者數百家
出弓弩材旁有小山山有石穴南通洞庭深遠莫
知所極三苗之國左洞庭右彭蠡今宮亭湖也以
太湖之洞庭對彭蠡則左右可知也余按二湖俱
以洞庭爲目者亦分爲左右也但以趣矚爲方耳
既據三苗宜以湘江爲正是故郭景純之江賦云

夏有包山洞庭巴陵地道潛陸傍通幽岫窈窕山
海經曰浮玉之山北望具區若水出于其陰北流
注于具區謝康樂云山海云浮玉之山在句餘東
五里便是句餘縣之東山乃應入海具區今在餘
姚鳥道曰北何由北望具區也以爲郭於地理甚
昧矣言洞庭南口有羅浮山高三千六百丈浮山
東石樓下有兩石數扣之清越所謂神鉦者也事
備羅浮山記會稽山宜直湖南又有山陰溪水入
焉山陰縣西四十里有二溪東溪廣一丈九尺冬
煖夏冷西溪廣三丈五尺冬冷夏煖二溪北出行
三里至徐村合成一溪廣五丈餘而溫涼又雜蓋
山海經所謂苕水也北逕羅浮山而下注于太湖



故言出其陰入于具區也湖中有大雷小雷三山
亦謂之三山湖又謂之洞庭湖楊脩五湖賦曰頭
首無錫足蹄松江負烏程於背上懷太吳以當胷
岝㟧崔嵬穹窿紆曲大雷小雷湍波相逐用言湖
之苞極也太湖之東吳國西十八里有岝嶺山俗
說此本在太湖中禹治水移進近東又西南有兩
小山皆有石如卷笮山云禹所用牽山也太湖中
有淺地長老云是笮嶺山蹶自此以求差深言是
牽山之溝此山去太湖三十餘里

東則松江出焉

上承太湖更逕笠澤在吳南松江左右也國語曰
越伐吳吳禦之笠澤越軍江南吳軍江北者也虞

氏曰松江北去吳國五十里江側有丞胥二山山各有廟國南五十里魯哀公十三年越使二大夫疇無餘謳陽等伐吳吳人敗之獲二大夫大夫死故立廟於山上號曰丞胥二王也胥山上今有壇石長老云胥神所治也下有九折路南出太湖闔閭造以遊胥之臺以望太湖也松江自湖東北流

逕七十里

江水奇分謂之三江口

吳越春秋稱范蠡去越乘舟出江之口入五湖之中者也此亦別爲三江五湖雖稱相亂不與職方同庾仲初楊都注曰今太湖東注爲松江下七十里有水口分流東北入海爲婁江東南入海爲東



江與松江而三也吳記曰一江東南行七十里入小湖爲次溪自湖東南出謂之爲谷水吳記曰谷水出吳小湖逕由卷縣故城下神異傳曰卷縣秦時長水縣也始皇時縣有童謠曰城門當有血城陷沒爲湖有老嫗聞之憂懼且往窺城門門侍欲縛之嫗言其故嫗去後門侍殺犬以血塗門嫗又往見血走去不敢顧忽有大水長欲沒縣主簿令幹入白令令見幹曰何忽作魚幹又曰明府亦作魚遂乃淪陷爲谷矣因目長水城水曰谷水也吳記曰谷中有城故曰卷縣治也即吳之柴辟亭故就李鄉檇李之地秦始皇惡其勢王令囚徒十餘萬人汙其土表以汙惡名改曰囚卷亦曰由卷也

吳黃龍四年有嘉禾生卷縣改曰禾興後太子諱
和改爲嘉興春秋之檇李城也谷水又東南逕嘉
興縣城西谷水又東南逕鹽官縣故城南舊吳海
昌都尉治晉太康中分嘉興治太康地道記吳有
鹽官縣樂資九州志曰縣有秦延山秦始皇逕此
美人死葬于山上山下有美人廟谷水之右有馬
睾城故司鹽都尉城吳王濞煑海爲鹽於此縣也
是以漢書地理志曰縣有鹽官東出五十里有武
原鄉故越地也秦於其地置海鹽縣地理志曰縣
故武原鄉也後縣淪爲柘湖又徙治武原鄉改曰
武原縣王莽名之展武漢安帝武原之地又淪爲
湖今之當湖也後乃移此縣南有秦望山秦始皇



所登以望東海故山得其名焉谷水於縣出爲散
浦以通巨海光熈元年有毛民三人集於縣盖汜
於風也

又東至會稽餘姚縣東入于海

謝靈運云具區在餘姚然則餘暨是餘姚之別名
也今餘暨之南餘姚西北浙江與浦陽江同會歸
海但水名已殊非班固所謂南江也郭景純曰三
江者岷江松江浙江也然浙江出南蠻中不與岷
江同作者述誌多言江水至山陰爲浙江今南江
枝分歷烏程縣南通餘杭縣則與浙江合故闞駰
十三州志曰江水至會稽與浙江合浙江自臨平
湖南通浦陽江又於餘暨東合浦陽江自秦望分

泒東餘姚縣又爲江也東與車箱水合水出車箱
山乘高瀑布四十餘丈雖有水旱而澍無增減

江水又東逕黃橋下

臨江有漢蜀郡太守黃昌宅橋本昌創建也昌爲
州書佐妻遇賊相失後會於蜀復修舊好江水又
東逕緒山南虞翻嘗登此山四望試子孫可居江
北世有禄位居江南則不昌也然住江北者相繼
代與時有江南者輒多淪替仲翔之言爲有官倉
倉即日南太守虞國舊宅號曰西虞以其兄光居
縣東故也是地即其雙鴈送故處

江水又東逕餘姚縣故城南

縣城是吳將所築南臨江津北背巨海夫子所



謂滄海浩浩萬里之淵也縣西去會稽一百四十
里因其句縣山以名縣山在餘姚之南句章之北
也江水又東逕宂湖塘湖水沃其一縣並爲良疇
矣

江水又東注于海

是所謂三江者也故子胥曰吳越之國三江環之
民無所移矣但東南地卑萬流所湊濤湖泛决觸
地成川枝津交渠世家分夥故川舊瀆難以取悉
雖粗依縣地緝綜所纏亦未必一得其實也

水經卷第二十八

# 水經卷第二十九

漢桑欽撰　後魏酈道元注

沔水下　潛水　湍水　均水

粉水　白水　泚水

又東過堵陽縣堵水出焉自上粉縣北流注之

堵水自建平郡界故亭谷東歷新城郡郡故漢中之房陵縣也世祖建武元年封鄧晨爲侯國也漢末以爲房陵郡魏文帝合房陵上庸西城立以爲新城郡以孟達爲太守治房陵故縣有粉水縣居其上故曰上粉縣也堵水之傍有别溪岸側土色解黄乃云可噉有言飲此水者令人無病而壽豈其信乎又有白馬山山石似馬望之逼眞側水謂



之白馬塞孟達爲守登之而歎曰劉封申躭據金城千里而更失之乎爲上堵吟音韻哀切有惻人心今水次尚歌之堵水又東北逕上庸郡故庸國也春秋文公十六年楚人秦人巴人滅庸庸小國附楚楚有災不救舉羣蠻以叛故滅之以爲縣屬漢中郡漢末又分爲上庸郡城三面際水堵水又東逕方城亭而東北歷粢山下而北逕堵陽縣南北流注于漢謂之堵口漢水又東謂之澇灘冬則水淺而下多大石又東爲淨灘夏水急盛川多湍復行旅苦之故諺曰冬澇夏淨斷官使命言二灘阻礙

又東過鄖鄉縣南

漢水又東逕鄖鄉縣南之西山山有石蝦蟆倉卒
看之與眞不別
漢水又東逕鄖鄉縣故城南
謂之鄖鄉灘縣故黎也卽長利之鄖鄉矣地理志
曰鄖有關李奇以爲鄖子國晉太康五年立以爲
縣
漢水又東逕琵琶谷口
梁益二州分境於此故謂之琵琶界也
又東北流又屈東南過武當縣東北
縣西北四十里漢水中有洲名滄浪州庾仲雝漢
記謂之千齡洲非也是世俗語訛音與字變矣地
說曰水出荆山東南流爲滄浪之水是近楚都故



漁父歌曰滄浪之水清兮可以濯我纓滄浪之水
濁兮可以濯我足余按尚書禹貢言導漾水東流
爲漢又東爲滄浪之水不言過而言爲者明非他
水決入也蓋漢沔水自下有滄浪通稱耳纏絡鄢
郢地連紀郢咸楚都矣漁父歌之不違水地滄浪
洲傳宜以尚書爲正耳
漢水又東爲伲子潭
潭中有石磧洲長六十丈廣十八丈世亦以此洲
爲伲子葬父於斯故潭得厥目焉所未詳也
漢水又東南逕武當縣故城北
世祖封鄧晨子棠爲侯國內有一碑文字磨滅不
可復識俗相傳言是華君銘亦不詳華君何代之

漢水又東平陽川水注之

水出縣北伏親山南歷平陽川逕平陽故城下又南流注于沔

沔水又東南逕縣城東

又東曾水注之水導源縣南武當山一曰太和山亦曰嵾上山山形特秀又曰仙室荆州圖副記曰山形特秀異於衆嶽峰首狀博山香爐亭亭遠出藥食延年者萃焉晉咸和中歷陽謝允捨羅邑宰隱遁斯山故亦曰謝羅山曾水發源山麓逕越山陰東北流注于沔謂之曾口

沔水又東逕龍巢山下



山在沔水中高十五丈廣員一里二百三十步山形峻峭其上秀林茂木隆冬不凋

又東南逕涉都縣東北

故鄉名也按郡國志筑陽縣有涉都鄉者也漢武帝元光元年封南海守降侯子嘉爲侯國均水於縣入沔謂之均口也

又東南過鄼縣之西南

縣治故城南臨沔水謂之鄼頭漢高帝五年封蕭何爲侯國也薛瓚曰今南鄉鄼頭是也茂陵書曰在南陽王莽更名南庚者也

又南逕穀城東又南過陰縣之西

沔水東逕穀城南而不逕其東矣城在穀城山上

春秋穀伯綏之邑也墉闉頹毀基塹亦存沔水又東南逕陰縣故城西故下陰也春秋昭公十九年楚工尹赤遷陰于下陰是也縣東有縣令濟南劉熹字德怡魏時宰縣雅好博古學教立碑載生徒百有餘人不終業而夭者因葬其地號曰生墳

沔水又東南得洛溪口

水出縣西北集池波東南流逕洛陽城北抗洛溪溪水東南注沔水也

又南過筑陽縣東筑水出自房陵縣東過其縣南流注之

沔水又南洑水流注之水出梁州閬陽縣魏遣夏侯淵與張郃下巴西進軍宕渠劉備軍洑口即是



水所出也張飛自別道襲張郃於此水郃敗棄馬升山走還漢中洑水又東巴西歷巴渠北新城上庸東逕洑陽縣故城南晉分筑陽立自縣以上山深水急枉渚崩湍水陸徑絶

又東逕學城南

梁州大路所由也舊説昔者有人立學都於此值世荒亂生徒罔依遂共立城以禦難故城得厥名矣洑水又東流注于沔謂之洑口也沔水又南逕闕林山東本郡陸道之所由山東有二碑其一即記闕林山文曰君國者不躋高堙下先時或斷山罡以通平道民多病守長冠軍張仲瑜乃與邦人築斷故山道於此銘其一郭先生碑先名輔字甫

成有孝友悅學之美其女爲立碑於此蓋無年號皆不知何代人也

沔水又南逕筑陽縣東

又南筑水注之杜預以爲彭水也水出梁州新城郡魏昌縣界縣以黃初中分房陵立筑水東南流逕筑陽縣水中有孤石挺出其下澄潭時有見此石根如竹根而黃色見者多凶相與號爲受石所未詳也筑水又東逕筑陽縣故城南縣故楚附庸也秦平鄢郢立以爲縣王莽更名之曰宜禾也建武元年世祖封吳財爲侯國筑水又東流注于沔謂之筑口沔水又南逕高亭山東山有靈焉士民奉之所請有驗



沔水又東爲漆灘

新野郡山都縣與順陽筑陽分界於斯灘矣

又東過山都縣東北

沔南有固城城側沔川即新野山都縣治也舊南陽之赤鄉矣秦以爲縣漢高后四年封衛將軍王慎爲侯國沔北有和城即郡國志所謂武當縣之和聚山都縣舊嘗治此故亦謂是處爲故縣灘沔水北岸數里有大石激名曰五女激或言女父爲人所害居固城五女思復父怨故立激以攻城城北今淪於水亦云有人葬沔北墓宅將爲水毀其人五女無男皆悉巨富共脩此激似今墳宅然激作甚工又云女嫁爲陰縣佷子家貲萬金而自少

小不從父語父臨亡意欲葬山上恐兒不從故命
言葬我著渚下石磧上佷子曰我由來不奉教今
從語遂盡散家財作石冢積土繞之成一洲長數
百步元康中始爲水所壞今石皆如半榻許數百
枚聚在水中佷子是前漢人襄陽太守胡烈有惠
化補塞堤決民賴其利景元四年九月百姓刊石
銘之樹碑於沔水又東偏淺冬月可涉渡謂之交
湖兵戎之交多自此濟晉太康中得鳴石於此水
撞之聲聞數里

沔水又東逕樂山北

昔諸葛亮好爲梁甫吟每所登遊故俗以樂山爲
名



沔水又東逕隆中

歷孔明舊宅北亮語劉禪云先帝三顧臣於草廬
之中咨臣以當世之事即此宅也車騎沛國劉季
和之鎮襄陽也與犍爲人李安共觀此宅命安作
宅銘云天子命我于沔之陽聽鼓鞞而永思庶先
哲之遺光後六十餘年永平之五年習鑿齒又爲
其宅銘焉

潛水出巴郡宕渠縣

潛水蓋漢水枝分潛出故受其稱耳今受有大穴
潛水入焉通罡山下西南潛出謂之伏水或以爲
古之潛水鄭玄曰漢別爲潛其穴本小水積成澤
流與漢合大禹自廣漢疏通即爲西漢水也故書

曰沱潛既道劉澄之稱白水入潛然白水與羌水合入漢是猶漢水也縣以延熙中分巴立宕渠郡蓋古賨國也今有賨城縣有渝水夾水上下皆賨民所居漢祖入關從定三秦其人勇健好歌儛高祖愛習之今巴渝儛是也縣西北有不曹水南逕其縣下注潛水縣有車騎將軍馮緄桂陽太守李温冢二子之靈常以三月還鄉水暴長郡縣吏民莫不於水上祭今所謂馮李也

又南入于江

庾仲雍云墊江有別江出晉壽縣即潛水也其南源取巴西是西漢水也

湍水出酈縣北芬山南流過其縣東又南過冠軍縣



東

湍水出弘農界翼望山水甚清徹東南流逕南酈縣故城東史記所謂下酈也漢武帝元朔元年封左將軍同爲侯國湍水又南菊水注之水出西北石澗山芳菊溪亦言出析谷蓋溪澗之異名也源傍悉生菊草潭澗滋液極成甘美云此谷之水土飡挹長年司空王暢太傅袁隗太尉胡廣並汲飲此水以自綏養是以君子留心甘其臭尚矣菊水東南流入于湍湍水又逕其縣東南歷冠軍縣西北有楚堨高下相承八重周十里方塘蓄水澤潤不窮湍水又逕冠軍縣故城東縣本穰縣之盧陽鄉宛之臨駣聚漢武帝以霍去病功冠諸軍故立

冠軍縣以封之水西有漢太尉長史邑人張敏碑碑之西有魏征南軍司張詹墓墓有碑碑背刊云白楸之棺易朽之裳銅鐵不入凡器不藏嗟矣後人幸勿我傷自後古墳舊冢莫不夷毀而是墓至元嘉初尚不見發六年大水蠻飢始被發掘說者言初開金銀銅錫之器朱漆雕刻之飾爛然有二朱漆棺棺前垂竹簾隱以金釘墓不甚高而内極寬大虛設白楸之言空負黃金之實雖意固南山寧同壽乎湍水又逕穰縣爲六門陂漢孝成之世南陽太守邵信臣以建昭五年斷湍水立穰西石碣至元始五年更開三門爲六石門故號六門堨也溉穰新野昆陽三縣五千餘頃漢末毀廢遂不修理晉太康三年鎮南將軍杜預復更開廣利加于民今廢不修矣六門側猶有六門碑是部曲主安陽亭侯鄧達等以太康五年立湍水又逕穰縣故城北又東南逕魏武故城之西南是建安三年曹公攻張繡之所築也

又東過白牛邑南

湍水自白牛邑南建武中世祖封劉嵩爲侯國湍水又東南逕安衆縣故城南縣本宛之西鄉漢長沙定王子康侯丹之邑也湍水東南流涅水注之水出涅陽縣西北岐棘山東南逕涅陽縣故城西漢武帝元朔四年封路最爲侯國王莽之所謂前亭也應劭曰在涅水之陽矣縣南有二碑碑字紊

滅不可復識云是左伯豪碑涅水又東南逕安衆縣堨而爲陂謂之安衆港魏太祖破張繡於是處與荀彧書曰繡遏五歸師迫我死地蓋於二水之間以爲沿涉之艱阻也涅水又東南流注于湍水

又東南至新野縣東入于淯

湍水至縣西北東分爲鄧氏陂漢太傅鄧禹故宅其奉朝請西亭侯鄧晨故宅隔陂鄧颺爲晨宅略存焉

均水出淅縣北山南流過其縣之東

均水發源弘農郡之盧氏縣熊耳山山南即脩陽葛陽二縣界也雙峰齊秀望若熊耳因以爲名齊桓公召陵之會西望熊耳即此山也太史公司馬



遷皆嘗登之縣即淅縣之北鄉故言出淅縣北也均水又東南流注逕其縣下南越南鄉縣又南流

與丹水合

又南當涉都縣邑北南入于沔

均水南逕順陽縣西漢哀帝更爲博山縣明帝復曰順陽應劭曰縣在順水之陽今於是縣則無聞於順水矣章帝建初四年封衞尉馬康爲侯國晉太康中立爲順陽縣西有石山南臨汋水汋水又南流注于沔水謂之汋口者也故地理志謂之淯水言熊耳之山淯水出焉又東南至順陽入于沔

粉

粉水出房陵縣東流過郢邑南

粉水導源東流注上粉縣取此水以漬粉則皓耀

鮮潔有異衆流故縣水皆取名焉

又東過穀邑南東入于沔

粉水至筑陽縣西而下注于沔水謂之粉水粉水有文將軍冢墓隧前有石虎石柱甚脩麗閭丘羨之爲南陽葬婦墓側將平其域夕患夢文諫止羨之不從後羨之爲楊佺期所害論者以爲文將軍之祟也

白水出朝陽縣西東流過其縣南

王莽更之曰朝陽也爲屬信縣應劭曰縣在朝水之陽今朝水逕其北而不出其南也蓋邑郭淪移川渠狀改故名舊傳遺稱在今也

又東至新野縣西東入于淯



沘水出沘陽東北太胡山東南流逕其縣南泄水從南來注之

太胡山在沘陽北如東三十餘里廣圓五六十里張衡賦南都所謂天封太胡者也應劭曰沘水出沘陽縣東入蔡經云泄水從南來注之然沘陽無泄水蓋俣引之壽春沘泄耳余以延昌四年蒙除東荆州刺史州治沘陽縣故城城南有蔡水出南盤石山故亦曰盤石川西北流注于沘非泄水也呂氏春秋曰齊令章子與韓魏攻荆荆使唐蔑應之夾沘而軍欲視水之淺深荆人射之而莫知也有蒭者曰兵盛則水淺矣章子夜襲之斬唐蔑於是水之上也沘水又西溴水注之水北出茈丘山[illegible]

流屈而南轉又南入于泚水按山海經云澳水又北入視不注泚水余按呂忱字林及難字爾雅並言灤水在泚陽脉其川流所謂診其水土津注宜是灤水音藥也泚水又西南歷長岡月城北舊泚水右會馬仁陂水水出潕陰北山泉流競凑水積成湖蓋地百頃謂之馬仁陂陂水歷其縣下西南堨之以溉田疇公私引列水流遂斷故瀆尚存泚水又南逕會口與緒水枝津合泚水又南與澧水會澧水源出于桐栢山與淮同源而別流西注故亦謂水爲派水澧水西北流逕平氏縣故城東北王莽更名其縣曰平善城内有南陽都鄉正衛彈勸碑澧水又西北合溲水水出湖陽北山西流北



屈逕平氏城西爲北入澧水澧水又西注泚水泚水自下亦通謂之爲派水昔漢光武破甄阜梁丘賜於泚水西斬之於斯水也泚水又南趙澧二渠出焉泚水又西南流謝水注之水出謝城北二源微小至城漸大城周迴側水詩所謂申伯番番既入于謝者也世祖建武十三年封樊重少子丹爲謝陽侯即其國也然則是水即謝水也岸下深浚流徐平時人目之爲淳瀯水城成又以淳瀯爲目非也其西城之舊棘陽縣治故亦謂之棘陽城也謝水又東南逕新都縣左注泚水又西南流逕新都縣故城西王莽更之曰新林郡國志曰以爲新野之東鄉故新都者也

又西至新野縣南入于淯

沘水於岡南西南流戍在岡上沘水又西南與南長坂門二水合其水東北出湖陽東隆山之西側有漢日南太守胡著碑子珎騎都尉尚湖陽長公主卽光武之伯姉也廟堂皆以青石爲階陛廟北有石堂珎之玄孫桂陽太守瑒以延熹四年遭母憂於墓次立石祠勒銘于梁石宇傾頽而梁字無毀盛弘之以爲樊重之母畏雷室葢傳疑之謬也陸山南有一小山山坂有兩石虎相對夾隧道雖處蠻荒全無破毀作制甚工信爲妙矣世人因謂之爲石虎山其水西南流逕湖陽縣故城南地理志曰故蓼國也竹書紀年曰楚王會宋平于湖



陽者矣東城中有二碑似是樊重碑悉載故吏人名司馬彪曰仲山甫封於樊因氏國焉爰自宅陽徙居湖陽能治田殖至三百頃起廬舍高樓連閣波陂灌注竹木成林六畜放牧魚嬴梨菓檀棘桑麻閉門成市兵弩器械貲至百萬其興工造作爲無窮之巧不可言富擬封君世祖之少數歸外氏及之長安受業齎送甚至世祖卽位追爵敬侯詔湖陽爲重立廟置吏奉祠巡祠章陵常幸重墓其水四周城漑城之東南有若令樊萌中常侍樊安碑城南有數碑無字又有石廟數間依于墓側棟宇崩毀惟石壁而已亦不知誰之胄族矣其水南入大湖湖陽之名縣藉茲而納稱也湖水西南流

又與湖陽諸陂散水合謂之板橋水又西南與醴渠合又有趙渠注之二水上承派水南逕新都縣故城東兩瀆雙引南合板橋水板橋水又西南與南長水會水上承唐子襄鄉諸陂散流也唐子陂在唐子山西南有唐子亭漢光武自新野屠唐子鄉殺湖陽尉於是地陂水清深光武後以爲神淵西南流於新野縣與板橋水合西南注于泚水又西南流注于淯水也

水經卷第二十九

# 水經卷第三十

漢桑欽撰　後魏酈道元注

## 淮水

淮水出南陽平氏縣胎簪山東北過桐柏山

山海經曰淮出餘山在朝陽東義鄉西尚書導淮自桐柏地理志曰南陽平氏縣王莽之平善也風俗通曰南陽平氏縣桐柏大復山在東南淮水所出也淮均也春秋說題辭曰淮者均其勢也釋名曰淮韋也韋繞揚州北界東至于海也爾雅曰淮爲滸然淮水與醴水同源俱導西流爲醴東流爲淮自潛流也下三十許里東出桐柏之大復山南謂之陽口水南即復陽縣也闞駰言復陽縣胡陽之樂鄉也元帝元延二年置在桐柏大復山之陽故曰復陽也東觀漢記曰朱祐少婦歸外家復陽劉氏山南有淮源廟廟前有碑是南陽郭苞立又二碑並是漢延熹中守令所造文辭鄙拙殆不可觀故經云東北過桐柏也

淮水又東逕義陽縣

縣南對固成山山有水注流數丈洪濤灌山遂成巨井謂之石泉水北流注于淮

淮水又逕義陽縣故城南

義陽郡治也世謂白茅城其城圓而不方闞駰言江國也嬴姓矣今其地有江亭春秋文公四年楚入滅江秦伯降服出次曰同盟滅雖不能救敢不

衿乎地理志曰漢乃縣之呂后八年封淮南厲王子劉勃爲侯國王莽之均夏也

淮水又東得㵐口水

源南出大潰山東北流翼帶三川亂流北注㵐水又北逕賢首山西又北出東南屈逕仁順城南故義陽郡治分南陽置也晉太始初以封安平獻王孚長子望本治在石城山上因梁希侵逼徙治此城齊司州刺史馬鮮卑不守魏置郢州也昔帝珍竒自懸瓠遣三千騎援義陽行事龐定光屯于㵐水者也㵐水東南流歷金山北山無樹木峻峭層峙㵐水又東逕義陽故城北城在山上因倚陵嶺周迴三里是郡昔所舊治城城南一十五步對門



有天井周一百餘步深一丈東逕鍾武故城南本江夏之屬縣也王莽之當利縣矣又東逕石城山北山甚高峻史記曰魏攻冥阸音義曰冥阸或言在鄳縣葙山也按呂氏春秋九塞其一也㵐水逕鄳縣故城南建武中世祖封鄧邯爲鄳縣按蘇林曰音盲㵐水又東逕七井岡南又東北注于淮淮水又東至谷口谷水南出鮮金山北流至瑟水注之水出西南具山東北逕光淹城東而北逕青山晉太始中割南陽東鄙之安昌平林平氏義陽四縣置義陽郡於安昌城又太康記晉書地道記並有義陽郡以南陽屬縣爲名漢武帝元光四年封北地都尉衛山爲侯國也有九渡水注之水出雞

翅山磎澗瀯委沿遡九渡矣其猶零陽之九渡水故亦謂之爲九渡焉於溪之東山有一水發自山椒下數丈素湍直注頹波秀壑可數百丈望之若霏幅練矣下注九渡水九渡水又北流注于淮

東過江夏平春縣北

淮水又東油水注之

水出縣西南油溪東北流逕平春縣故城南漢和帝建初四年封子全爲王國淮水又東曲岸北有一土穴徑尺泉流下注沿流波三丈入于油水亂流南屈又東北注于淮淮水又東北逕城陽縣故城南漢高帝十二年封定侯奚竟爲侯國王莽之利新也魏城陽郡治



淮水又東北與大木水合

水西出大木山山即晉車騎將軍祖逖自陳留將家避難所居也其水東逕城陽縣北而東入于淮

淮水又東北流左會湖水

傍川西南出窮溪得其源也

淮水又東逕安陽縣故城南

東羅山西東北流注于谷水谷水東北入于淮

又東逕新息縣南

淮水東逕故息城南春秋左傳隱公十一年鄭息有違言息侯伐鄭鄭伯敗之者也

淮水又東逕浮光山北

亦曰扶光山即弋山也逕新息縣故城南應劭曰

息後徙東故加新也王莽之新德也光武十九年封馬援爲侯國外城北門内有新息長賈彪廟廟前有碑面南又有魏汝南太守程曉碑魏太和中蠻田益宗効域立東豫州以益宗爲刺史淮水又東合愼縣水水出愼陽縣西而東逕愼陽縣故城南縣取名焉漢帝十一年封欒説爲侯國潁陰劉陶爲縣長政化大行道不拾遺以病去官童謡歌曰悒然不樂思我劉君何時復來安此下民見思如此應劭曰愼水所出東北入淮愼水又東流積爲燋陂陂水又東南流爲上愼陂又東爲中愼陂又東南爲下愼陂皆與鴻郤陂水散流其陂首受淮川左結鴻陂漢成帝時翟方進奏毀之建武中



汝南太守鄧晨欲修復之知許偉君曉知水脈召與議之偉君言成帝用方進言之尋而夢上天天帝怒曰何故敗我濯子淵是後民失其利時有童謡曰敗我陂翟子威及子覆陂當復明府興復廢業童謡之言將有徵矣遂署都水掾起塘四百餘里百姓得其利陂水散流下合愼水而東南逕息城北又東逕南入淮謂之愼口淮水又東與申陂水合水上承申陂於新息縣北東南流分爲二水一水逕深丘西又屈逕其南南派爲蓮湖水南流注于淮淮水又左迆流結兩湖謂之東西蓮湖矣

淮水又東右谿水

水出白沙山東北逕柴亭西俗謂之柴水又東北

流與澶溪水合水發澶谷東北流右會柴水柴水
又東逕黃城西故弋陽縣也城內有二城西卽黃
城也柴水又東北入於淮謂之柴口也
淮水又東北申陂枝水注之
水首受陂水于深丘北東逕釣臺南臺在水曲之
中臺北有琴臺又東逕陽亭南東南合淮
淮水又東逕淮陰亭北又東逕白城南
楚白公勝之邑也又東北去白亭一十里
淮水又東逕長陵戍南又東青陂水注之
分青陂東瀆東南逕白亭西又南於長陂戍東東
南入于淮
淮水又東北合黃水



水出黃武山東北流水陵關注之水導木陵山西
北流注于黃水黃水又東逕晉西陽城南又東逕
南光城南光郡治又東北逕高城南故弦國也
又東北逕弋陽郡東有虞丘郭南有子相廟黃水
又東北入于淮謂之黃口淮水又東北逕褒信縣
故城南而東注流之者也
又東過期思縣北
縣故蔣國周公之後也春秋文公十年楚王田于
孟諸期思公復遂爲右司馬楚滅之以爲縣漢高
帝十二年以封賁赫爲侯國城之西北隅有楚相
孫叔敖廟廟前有碑
淮水又東北淠水注之一作淠

水出弋陽縣南垂山西北流歷陰山關逕二城間舊有賊難軍所謂頓防西北出山又東北流逕新城戍東又東北得詔虞水口西北去弋陽虞丘郭二十五里水出南山東北流逕詔虞亭東而北入浬水又東北注淮俗曰白鷺水

東過原鹿縣南汝水從西北來注之

縣即春秋之鹿上也左傳僖公二十一年宋人爲鹿上之盟以求諸侯於楚建武十五年世祖更封侍中執金吾陰鄉侯陰識爲侯國者也

又東過廬江安豐縣東北決水從北來注之

廬江故淮南也漢文帝十六年別以爲國應劭曰故廬子國也決水自雩婁北注不於北來也安豐



東北注淮者窮水矣又非決水皆誤耳

淮水又東谷水入焉

水上承富水東南流世謂之谷水也東逕原鹿縣故城北城側水南谷水又東逕富陂縣故城北俗謂之成閭亭非也地理志曰汝南郡有富陂縣建武二年世祖以封平鄉侯王霸爲富陂侯十三州志曰漢和帝永元九年分汝陰置多陂塘以溉稻故曰富陂縣也谷水又東於汝陰城東南注

淮水又東北左會潤水

水首受富陂東南流爲高塘陂又東積而爲陂水東注焦陵陂陂水北出爲鯛陂陂水潭漲引瀆北注汝陰四周隍塹下注潁水焦湖東注謂之潤水

逕汝陰縣東逕荆亭北而東入

淮水又東北窮水入焉

水出六安國安豐縣窮谷春秋左傳楚救灊司馬沈尹戌與吴師遇于窮谷者也川流泄注于決水之右北灌安豐之左世謂之豐豐水亦曰窮水音戎並聲相近字隨讀轉流結爲陂謂之窮陂塘堰雖淪猶用不輟陂水四分農事用康北流注于淮京相璠曰今安豐有窮水北入淮淮水又東爲安豐津水南有城故安豐都尉治後立霍丘戍淮中有州俗號關洲蓋津關所在故斯洲納稱焉魏書國志有曰司馬景王征毋丘儉使鎮西將軍豫州刺史諸葛誕從安豐津先至壽春儉敗與小弟秀藏水草中安豐津都尉部民張屬斬之傳首京都所謂斯津也

又東北至九江壽春縣西沘水洪水合北注之又東潁水從西北來流注之

淮水又東左合沘口又東逕中陽亭北爲中陽度水流淺磧可以厲也

淮水又東流與潁口會東南逕倉陵北又東北流逕壽春縣故城西

縣即楚考烈王自陳徙此秦始王立九江郡治此兼得廬江豫章之地故以九江名郡漢高帝四年爲淮南國孝武元狩六年復爲九江焉文頴曰史記貨殖傳曰淮以北沛陳汝南南郡爲西楚彭城

以東東海吳廣陵爲東楚衡山九江江南豫章長沙爲南楚是爲三楚者也

淮水又北左合椒水水上承淮水東北流逕蚍地南又歷其城東亦謂之清水東北流注于淮水謂之清水口者左合椒水焉

又東過壽春縣北肥水從縣東北流注之

淮水於壽陽縣西北肥水從城西北入于淮謂之肥口淮水又北夏肥水注之水上承妙水於城文縣右出東南流逕城父縣故城南王莽之思善也縣故焦夷之地春秋左傳昭公九年楚公子棄疾遷許于夷實城父矣取州來淮北之田以益之伍舉授許夷田杜預曰此時改城父爲夷故傳實之者也言夷田在濮水西者也然則濮水即沙水之兼稱得夏肥之通目矣漢桓帝永壽元年封大將軍梁冀孫桃爲侯國者也夏肥水自縣又東逕思善縣之故城南漢章帝章和二年分城父立夏肥水又東爲高坡又東爲天淙陂水出分爲二流南爲肥水北爲雞陂夏肥東流左合雞水水出雞陂東爲黃陂又東南流積爲芋陂又東爲雞水呂氏春秋曰宋人有取道者其馬不進投之雞水是也雞水又會肥水而亂流東注俱入于淮

淮水又北逕山硤中謂之硤石對岸山上結二城以防津要西岸山上有馬跡世

傳淮南王乘馬昇仙所在也今山之東南石上有大小馬跡一十餘所仍今存焉淮水又北逕下蔡縣故城東本州來之城也吴季札始封延陵後邑州來故曰延州來矣春秋襄公二年蔡成公曰新蔡遷于州來謂之下蔡也淮之東岸又有一城下蔡新城也二城對據壘帶淮濆淮水東逕八山北山上有老子廟淮水歷潘城南置潘溪戍戍東側潘溪吐川納淮更相引注又東逕梁城臨側淮川川左有湄城淮水左迤爲湄湖淮水又右納洛川於西曲陽縣北水分閻溪北絶横塘北逕蕭亭東又北鵲甫溪水入焉水出東鵲甫谷西北流逕鵲甫亭南西北流注于洛水北逕西曲陽縣故城東



王莽之延平亭也應劭曰縣在淮曲之陽下邳有曲陽故是加西也洛澗北歷秦墟下注淮謂之洛口經所謂淮水逕壽春縣北肥水縣東北注者也蓋經之謬矣考川定土即實爲非是曰洛澗非肥水也

淮水又北逕莫耶山西

山南有陰陵縣故城漢高祖五年項羽自垓下從數百騎夜馳渡淮至陰陵迷失道左陷大澤漢令騎將灌嬰以五千騎追及之於斯縣者也按地理志王莽之陰陸也後漢九江郡治時多虎災百姓苦之南陽朱均爲守退貪殘進忠良虎悉東渡江

又東過當塗縣北過水從西北來注之

城縣東司馬彪曰後隸九江也
又東過鍾離縣北
世本曰鍾離嬴姓也應劭曰縣故鍾離子國也楚滅之以爲縣春秋左傳所謂吳公子光伐楚拔鍾離者也王莽之蠶富也豪水出陰陵縣之陽亭北小屈有石穴不測所窮言穴出鍾乳所未詳也豪水東北流逕其縣西又屈而南轉東逕其城南又北歷其城東逕小城而北流注于淮
淮水又東逕夏丘縣南
又東渙水西入九里注之渙水又東南流逕睢丘縣故城南又東逕承匡城又東逕襄邑縣故城南故宋之承匡襄牛之地宋襄公之所築故子襄陵



矣竹書紀年梁惠成王十七年宋景公衛孫公倉會齊師圍我襄陵十八年惠成王以韓師諸侯師于襄陵縣齊侯使楚景舍來求成公會齊宋之圍郎於此也西有承匡城春秋會于承匡者也秦始皇以承匡卑濕徙縣於襄陵更爲襄邑也王莽以爲襄平也漢桓帝建和元年封梁冀子胡狗爲侯國陳留風俗傳曰縣南有渙水故傳曰睢渙之間出文章天子郊廟御服出焉尚書所謂厥篚織文者也渙水又東南逕已吾縣故城南又東逕鄫城北春秋襄公元年經書晉韓厥帥師伐鄭魯仲孫蔑會齊曹邾杞次于鄫杜預曰陳留襄邑縣東南有鄫城渙水又東南逕鄫城北新城南又東南左

淮水自莫耶山東北逕馬頭城北魏馬頭郡治也故當塗縣之故城也呂氏春秋曰禹娶塗山氏女不以私害公自辛至甲四日復往治水故江淮之俗以壬辛癸甲爲嫁娶日也禹娶在山西南縣即其地也地理志當塗侯國也魏不害以圉守尉捕淮陽反者公孫勇等漢以封之王莽更名山聚也

淮水又東北濠水注之

水出莫耶山東北之溪溪水西北引瀆逕禹墟北又西流注于淮

淮水又北沙水注之

經所謂蒗蕩渠也淮之西有平阿縣故城王莽之平寧也建武十三年世祖更封耿阜爲侯國郡國



志曰平阿縣有當塗山淮出于荆山之左當塗之右奔流二山之間西楊濤北注之春秋左傳哀公十年大夫對孟孫曰禹會諸侯于塗山執玉帛者萬國杜預曰塗山在壽春東北非也余按國語曰吳伐楚隳會稽獲骨焉節專車吳子使來聘且問之容執骨而問之敢問骨何爲大仲尼曰丘聞之昔禹致羣神於會稽之山防風氏後至禹殺之其骨專車此爲大也蓋丘明親承聖旨錄爲實證矣又按劉向說苑辯物王肅之敘孔子世孫孔猛所出先人書家語並出此事故塗山有會稽之名考校群書及方士之目疑非此矣蓋周穆之所會矣

淮水於荆山北過水自南注之又東北逕沛郡義

合明溝溝水自蓬洪陂東南流謂之明溝下入渙
水又逕亳城北帝王世記曰穀熟爲南亳卽湯都
也十三州志曰漢武帝分穀熟置春秋莊公十三
年宋公于御說奔亳者也渙水東逕穀熟城南漢
光武建武二年封更始子歆爲侯國又東逕楊亭
北春秋左氏傳襄公十二年楚子囊秦庶長無地
伐宋師于楊梁以報晉之取鄭也京相璠曰宋地
矣今睢陽東南三十里有故楊梁今曰陽亭也俗
名之曰緣城非矣西北去梁國八十里渙水又東
逕沛郡之建平縣故城南漢武帝元年封杜延年
爲侯國王莽之曰平也又東逕酇縣故城南春秋
襄公十年公會諸侯及齊世子光于酃令其地酃

聚是也王莽之酇治矣漢水又東南逕費亭南漢
建和元年封中常侍沛國曹騰爲侯國騰字季興
譙人也永初中定桓帝策封亭侯此城即其所食
之邑也渙水又東逕銍縣故城南昔吳廣之起兵
也使葛嬰下之渙水又東苞水注之出譙城北自
汀陂陂水東流逕酇縣南又東逕鄲縣故城南漢
景帝中元年封周應爲侯國王莽更之曰留城也
音多又東逕嵇山北嵇氏故居嵇本姓奚會稽人
也先人自會稽遷于譙之銍縣故爲嵇氏取稽字
之上以爲姓蓋志本也嵇氏譜曰譙有稽山家于
其側遂以爲氏縣魏黃初中文帝以酇城父山桑
銍置譙郡故隸譙焉苞水東流入渙渙水又東南

逕蘄縣故城南地理志曰故垂鄉也漢高帝破黥
布於此縣舊都尉治王莽之蘄城也水上有古石
梁處遺基尚存渙水又東逕穀陽縣右會八丈故
瀆瀆上承洨水南流注于渙渙水又東逕穀陽戍
南又東南逕穀陽故城東北右與解水會水上承
縣西南解塘東北流逕穀陽城南即穀水也應劭
曰城在穀水又東北流注于渙渙水又東南逕白
石戍南逕蚿城南洨水注之水首受蘄水於蘄縣
東南流逕穀陽縣八丈故瀆出焉又東合長直故
溝溝上蘄水南會于洨洨水又東南流于洨縣故
城北縣有垓一聚漢高祖破項羽所在也王莽更
名其縣曰育城應劭曰洨水所出音絞經之絞也



又東南逕潼縣南又東流入徐縣東絕歷澗又東
逕大徐縣故城南又東流注于淮
淮水又東歷客山逕盱眙縣故城西
地理志曰都尉治漢武帝元朔元年封江都易王
子劉蒙之爲侯國王莽更名之曰匡武淮水又東
逕廣陵淮陽城北臨泗水岨于二水之間述征
記淮陽太守治自後置戍縣亦有時廢興也
又東北至下邳淮陰縣西泗水從西北來流注之
淮泗之會即角城也左右兩川翼夾二水決入之
所所謂泗口也
又東過淮陰縣北中瀆水出白馬湖東北注之
淮水右岸即淮陰也城西二里有公路浦昔袁術

向九江將東奔袁譚路出斯浦因以爲名焉又東
逕淮陰縣故城北北臨淮水漢高帝六年封韓信
爲侯國王莽之嘉信也昔韓信去下鄉而釣於此
處也城東有兩冢西者即漂母冢也周迴數百步
高十餘丈昔漂母食信於淮陰信王下邳蓋投金
增陵以報母矣東一陵即信母冢也縣有中瀆水
首受江于廣陵郡之江都縣縣城臨江應劭地理
風俗記曰縣爲一都之會故曰江都也縣有江水
祠俗謂之伍相廟也子胥但配食耳歲三祭與五
岳同舊水道也昔吳將伐齊北霸中國自廣陵城
東南築邗城城下掘深溝謂之韓江亦曰邗溟溝
自江東北通射陽湖地理志所謂渠水也而北至



末口淮自永和中江都水斷其水上承歐陽引江
入埭六十里至廣陵城楚漢之間爲東陽郡高祖
六年爲荊國十一年爲吳城即吳王濞所築也景
帝四年更名江都武帝元狩三年更曰廣陵王莽
郡曰江平縣曰定安城東水上有梁謂之洛橋中
瀆水自廣陵北出武廣湖東陸陽湖西二湖東西
相直五里水出其間下注樊梁湖舊道東北出至
博芝射陽二湖西北出夾耶乃至山陽矣至永和
中患湖道多風陳敏因穿樊梁湖北口下注津湖
逕渡十二里方達北口直至夾耶興寧中復以
津湖多風又自湖之南北口沿東岸二十里穿渠
入北口自後行者不復由湖故蔣濟三州論曰淮

湖紆遠水陸異路山陽不通陳穿溝更鑿馬瀨百里渡湖者也自廣陵出山陽白馬湖逕山陽城西即射陽縣之故城也應劭曰在射水之陽漢高祖六年封楚左令尹項纏爲侯國也王莽更之曰監淮亭世祖建武十五年封子荆爲山陽公治此十七年爲王國城本北中郎將庾希所鎮中瀆又東謂之山陽浦又東入淮謂之山陽口者也

又東兩小水流注之

淮水左逕泗水國南故東海郡也徐廣史記音義曰泗水國名漢武帝元鼎三年初置都郯四年常山憲王子思王商爲國地理志曰王莽更泗水郡爲順水陵縣爲生麥淩水注之水出淩縣東流逕



其縣故城東而東南流注于淮寔曰口也應劭曰淩水出縣西南入淮即經所謂之小水者也

又東至廣陵淮浦縣入于海

應劭曰浦岸也蓋側淮瀆故受此名淮水出縣故城王莽更名之曰淮敬淮水於縣枝分北爲游水歷朐縣與沭合又逕朐山西山側有朐縣故城秦始皇三十五年於朐縣立石海上以爲秦之東門崔琰述初賦曰倚高艫以周眄兮觀秦門之將將者也東北海中有大洲謂之郁洲山海經所謂郁山在海中者也言是山自蒼梧徙此云山上猶有南方草木今郁州治故崔李珪之敘述初賦言郁州者故蒼梧之山也心悅而怪之聞其上有仙士

石室也乃枉觀所見一道人獨處休休然不談不
對顧非己及也即其賦所云吾夕曰濟于郁州者
也游水又北逕東海利城縣故城東之故利鄉也
漢武帝元朔四年封城陽共王子嬰爲侯國王莽
更之曰流泉游水又北歷羽山西地理志曰羽
山在祝其縣東南尚書曰堯時曰四岳得舜進十
六族殛鯀于羽山是爲檮杌與驩兜三苗共工同
其罪故世謂之四凶鯀既死其神化爲黃龍入于
羽淵是爲夏郊三代祀之故連山易曰有崇伯鯀
伏于羽山之野者是也游水又北逕祝其縣故城
西春秋經書夏公會齊侯于夾谷左傳定公十年
公及齊平會于祝其實夾谷也服虔曰地二名王



莽更之曰猶亭縣之東有夾口浦游水左逕瑯琊
即丘縣故城之西地理志曰莒子始起于此後徙
莒有鹽官故世謂之南莒也游水又東北逕贛榆
縣北東側巨海有秦始皇碑在山上去海一百五
十步潮水至加其上三丈去則三尺所見東北傾
石長一丈八尺廣五尺厚三尺八寸一行一十二
字游水又東北逕紀鄣故城南春秋昭公十年齊
伐莒莒子奔紀鄣莒之婦人怨莒子之害其夫老
而託紡焉取其纑而夜縋縋絶鼓譟城上人亦譟
莒共公懼啓西門而出齊遂入紀故紀子帛之國
穀梁傳曰吾伯姬歸于紀者也杜預曰紀鄣地
二名東海贛榆縣東北有故紀城即此水也游水

東北入海舊吳之燕岱常泛巨海憚其濤嶮更沿溯是瀆是由出地理志曰游水自淮浦北入海爾雅曰淮別爲滸游水亦枝稱者也

水經卷第三十

水經卷第三十一

漢桑欽撰　後魏酈道元注

滍水　淯水　澺水　灈水

瀙水　潕水　溳水

滍水出南陽魯陽縣西之堯山

堯之末孫劉累以龍食帝孔甲孔甲又求之不得累懼而遷于魯縣立堯祠於西山謂之堯山故張衡南都賦曰奉先帝而追孝立唐祠於堯山堯山在太和川太和城東北滍水出焉張衡南都賦曰其川瀆則滍澧濼濜發源巖穴布濩漫汗漭沆洋溢總激急趣箭馳風疾者也滍水又歷太和川東逕小和川又東溫泉水注之水出北山七泉奇發



炎熱特甚闞駰曰縣有湯水可以療疾矣湯側又有寒泉焉地勢不殊而炎涼異致雖隆火盛月肅若氷谷矣渾流同溪南流注滍水滍水又東逕胡木山東流又會溫泉口水出北山阜炎勢奇毒痾疾之徒無能澡其衝漂救養者咸去湯十許步別池然後可入湯側有石銘云皇女湯可以療萬疾者也故杜彥達云然如沸湯可以熟米飯之愈百病道士清身沐浴一日三飯多少自在四十日後身中萬病愈三蟲死學道遭難逢危終無悔心可以牢神存志即南都賦所謂湯谷湧其後者也然宛縣有紫山山東有一水東西十五里南北二步步甚然沖滿無所通會冬夏常溫世亦謂之湯谷也非

魯陽及南陽之縣故也張平子廣言土地所苞明非此矣滍水又東房陽川水注之水出南陽雉縣西房陽川北流注于滍滍水之北有積石焉世謂女靈山其山平地介立不連岡以成高峻石孤峙干霄勢以自遠四面壁絶極能靈舉遠望亭狀單楹插霄矣北面有如頹落劣得道步好事者時有扳陟耳滍水又與波水合水出霍陽西川大嶺東谷俗謂之歇馬嶺川曰廣陽川非也即應劭所謂孤山波水所出也馬融廣成頌曰浸以波溠其水又東逕鱟城下蓋鱟別邑也俗謂之麻城非也波水又南分三川於白亭東而俱南入滍水滍水自下兼波水之通稱也是故闞駰有東北至定陵入



汝[illegible]文滍水又東逕魯陽縣故城南城即劉累之故邑也有魯縣居其陽故因名焉王莽之魯山也昔在於楚文子守之與韓遘戰有逐景之誠內有南陽都鄉正衛爲碑滍水右合魯陽關水水出魯陽關外分頭山橫嶺下夾谷東北出入滍滍水又東北合牛蘭水水發縣北牛蘭山東南逕魯陽城東水側有漢陽侯焦立碑牛蘭水又東南與柏樹溪水合水出魯山北硤谷中東南流逕魯山西而南合牛蘭水又東南逕魯山南闞駰曰魯陽縣今其地魯山是也南水注于滍滍水東逕應城南故應鄉也應侯之國詩所謂應侯順德者也彭水注之俗謂之小滍水水出魯陽縣南彭山蟻塢東麓

之流逕彭山西下有彭山廟廟前有彭山碑漢桓帝元嘉三年杜仲長立彭水逕其西北漢安邑長尹儉墓東冢西有石廟廟前有兩石闕闕東有碑闕南有二師子相對南有石碣二枚石柱西南有兩石羊中平四年立彭水又東北流直應城南而入滍滍水又左合橋水水出魯陽縣北恃東東南逕應山北又南逕應城西地理志曰故文城縣之應鄉也周武王封帝弟爲侯國應劭曰韓詩外傳稱周成王與弟戲以桐葉爲圭曰吾以封汝周公曰天子無戲言王乃應時而對故曰應侯鄉亦曰應鄉按呂氏春秋云成王以桐葉爲圭以封叔虞非應侯也汲郡古文殷時巳有應國非成王矣戰



國范雎所封邑也謂之應水滍水又東逕犨縣故城北左傳昭公元年冬楚公子圍使伯州犁城犨是也出于魚齒山下春秋襄公十八年楚伐鄭次于魚陵涉於魚齒之下甚雨楚師多東徒役幾盡晉人聞有楚師師曠曰不害吾驟歌北風又歌南風南風不競多死聲楚必無功矣所涉即滍水也水南有漢中常侍長樂太僕吉侯苞冢冢前有碑基西枕罡城開四門門有兩石獸墳傾墓毀碑獸淪移人有掘出一獸猶全不破甚高壯頭去地減一丈許作制甚工左髆上刻作辟邪字門表壍上起石橋即時不毀其碑云六帝四后是諮是諏蓋仕自安帝沒于桓后于時閹閹擅權五侯暴世割

剝公私以事生死夫封者表有德碑者頌有功自
非此徒何用許爲石至千春不若速朽苞墓萬古
袛彰誚辱嗚呼愚亦甚矣湛水又東犨水注之俗
謂之秋水非也水有二源東源出其縣西南䟎犢
山東崖下水方五十許步不測其深東北流其逕
犨縣南又東北屈逕其縣東而北合西流水西源
出縣西南頗山北阜下東北逕犨城西又屈逕其
縣北東合二水亂流北注于湛漢高祖入關破南
陽太守呂齮於犨東即於是地湛水之陰也湛水
又東南逕昆陽縣故城北昔漢光武與王尋王邑
戰于昆陽敗之走者相騰踐奔殪百餘里會大雨
如注湛川盛溢虎豹皆股戰士卒爭赴溺死者以
萬數水爲不流王邑嚴尤陳茂輕騎皆乘尸而渡



矣

東北過潁川定陵縣西北又東過堰縣南東入于汝

湛水東逕西不羹亭南亭北背汝水於定陵城北
東入汝堰縣在南不得過

滍水出弘農盧氏縣攻離山東南過南陽西鄂縣西
北又東過宛縣南

滍水導源東流逕酈縣故城北郭仲産曰酈縣故
城南在攻離山東酈舊縣也三倉曰樊鄧酈酈有
二城北酈也漢祖入關下淅酈即此縣也滍水又
東南流雉縣之雉衡山東逕百章郭北又東魯陽
關水注之水出魯陽縣南分水嶺南水自嶺南流

北水從嶺北注故世俗謂此嶺爲分頭也其水南流逕魯陽關左右連山插漢秀木干雲是以張景陽詩云朝登魯陽關峽路峭且深亦司馬之與母遇賊處也關水歷雉衡山西南逕皇后城西建武元年世祖遣侍中傅俊持節迎光烈皇后於淯陽俊發兵三百餘人宿衛皇后道路歸京師蓋税舍所在故城得其名矣山有石室甚飾潔相傳名皇后浴室又所幸也關水又西南逕雉縣故城南昔秦文公之世有陽伯者逢二童曰舀曰彼兩童二雉也得雌者霸雄者王二童飜飛化爲雙雉光武獲雉於此山以爲中興之祥故置縣以名焉關水又屈而東南流注于淯淯水又東南流逕博望縣



西北故城東郭仲産曰郡東北一百二里漢武帝置校尉張騫隨大將軍衛青西征爲軍前導相望水草得以不乏之元光六年封騫爲侯國地理志曰南陽有望縣王莽改之曰宜樂也淯水又東南逕西鄂故城東應劭曰江下有鄂故加西也昔劉表之攻杜子緒於西鄂也功曹伯孝長聞戰鼓之音懼而閉戶蒙被自覆漸登城而觀言勇可習也淯水又南洱水注之水出弘農郡盧氏縣之熊耳山東南逕酈縣北東南逕方陽城北漢哀帝四年封南陽太守孫寵爲侯國俗謂之房陽川又逕西鄂縣南水北有張平子墓墓之東側墳有平子碑文字悉是古文篆額是崔瑗之辭盛弘之郭仲産並

云夏侯孝若爲郡薄其文復刊碑陰爲銘然碑陰二名乃是崔子玉及陳翕耳而非孝若悉是隸字二首並存嘗無毁壞又言墓次有二碑今唯見一碑或是余夏景驛途疲而墓究矣水南道側有二石樓相去六七丈雙跱齊竦高可丈七八柱圓圍二丈有餘石質青緑光可以鑒上鑾攎承拱雕簷四柱窮巧綺刻妙絶人工題言蜀郡太守姓王字子雅南陽西鄂人有三女無男而家累千金父没當葬女自相謂曰先君生我姊妹無男兄弟今當安神玄宅翳靈后土冥冥絶後何以彰吾君之德各出錢五百萬一女築墓二女建樓以表孝思銘云墓樓東平林不近墳墓而不能測其處所矣洱



水又東南流注于淯水世謂之肄洱聲相近非也地理志曰熊耳之山出三水洱水其一焉東南至魯陽入沔是也淯水又南逕預山東山上有神廟俗名之爲獨山也山南有魏車騎將軍黄權夫妻二冢地道潛通其冢前有四碑其二魏明帝立二是其子及臣吏所樹者也淯水又西南逕史定伯碑南又西爲瓜里津水上有三梁謂之瓜里渡自宛道途東出赭陽而道方城建武三年世祖自赭陽西入破虜將軍劉奉怨漢掠新野拒瓜里上親搏戰降之夕陽下遂斬奉郡國志所謂宛有瓜里野津夕陽聚者也阻橋即桓溫故壘處溫以昇平五年與范汪衆軍北討所營淯水又西南逕晉蜀

郡太守鄧義山墓南又南逕宛城東其地故申伯之郡楚文王滅申以爲縣也秦昭襄王使白起爲將伐楚取郢即以此地爲南陽郡改縣曰宛王莽更名郡曰前隊縣曰南陽劉善曰在中國之南而居陽地故以爲名大城西南隅郡古宛城也荊州刺史治故亦謂之荊州城今南陽郡治大城其東城城內有舊殿基周二百步高八尺陛階皆砌以青石大城西北隅有基周一百步高五丈蓋更始所起也地西三里有古臺高三丈餘文帝黃初中南巡行所築也淯水又屈而逕其縣南故南都賦所言淯水蕩其胷者也王莽地皇二年朱鮪等共於城南會諸將設壇燔燎立聖公爲天子於斯水上世語曰張繡反公於戰敗子昂不能騎進馬於公而昂遇害魏書曰公征至宛臨淯水祠士將亡歔欷流涕衆皆哀慟淯水又南梅溪水注之水出縣北紫山南逕百里奚故宅奚宛人也於秦爲賢大夫所謂迷虞智秦者也紫溪又逕宛西呂城東史記曰呂尚先祖爲四嶽佐禹治水有功虞夏之際受封於呂故因氏焉呂尚也徐廣史記音義曰呂在宛縣高后四年封昆弟子呂忿爲呂城侯疑即此也又按新蔡縣有大呂小呂亭而未知所是也梅溪又南逕杜衍縣東故城在西漢高祖帝七年封即中王翳爲侯國王莽更之曰閏衍矣土地墊下湍溪是注古人於安衆堨之令遊水是潴謂

之安衆港世祖建武三年上自宛遣潁陽侯祭遵西擊鄧奉弟衆破之於杜衍進兵涅陽者也梅溪又南謂之石橋水又謂之汝溪之流而左注淯水淯水之南又有南就聚郡國志所謂南陽宛縣有南就聚者也郭仲產言宛城南三十里有一城甚卑小相承名三公城漢時鄧禹等歸鄉餞離處也盛弘之著荊州記以爲三公置余按淯水左右舊有二淯所謂南淯北淯者水側之瀆聚在淯陽之東北考古推地則近矣城側有范蠡祠蠡宛人祠即故宅也後漢末有范曾字子閔爲大將軍司馬討黃巾賊至此祠爲蠡立碑文勒可尋夏侯湛之爲南陽又爲立廟焉城東有大將軍何進故宅城



西有孔嵩舊居嵩字仲山宛人與山陽范式有斷金契貧無養親賃爲阿街卒遣迎式式下車把臂曰子懷道卒伍不亦痛乎嵩曰侯嬴賤役晨門卑下之位古人所不恥何痛之有故其讚曰仲山通達卷舒無方屈身厮役挺秀含芳

又屈南過淯陽縣東

淯水又南入縣逕小長安司馬彪郡國志曰縣有小長安聚謝沈漢書稱光武攻淯陽不下引兵欲攻宛至小長安與甄阜戰敗於此淯水又西南逕其縣故城南桓帝延熹七年封鄧康爲侯國縣故南陽典農治後以爲淯陽郡省郡復縣避晉簡文諱更名云陽焉淯水又逕安樂郡北漢桓帝建和

六年封司徒胡廣爲淯陽縣安樂鄉侯今於其國
立樂宅戍郭仲産襄陽記曰南陽城南九十里有
晉尚書令樂廣故宅廣字彦輔也善清言見重當
時成都王廣女婿長沙王猜之廣曰寧以一女而
易五男猶疑之終以憂殞其故居今置戍因以爲名
又南過新野縣西西過鄧縣東南入于沔灢水出灢
強縣南澤中東入潁
淯水又南入新野縣枝津分泒東南出苞隰衍注
右積爲陂東西九里南北一十五里陂水所漑咸
爲良沃淯水又南與湍水會又南逕新野縣故城
西世祖之敗小長安也姊元遇害上即位感悼姊
沒追謚元爲新野節義長公主即此邑也晉咸寧



二年封大司馬扶風武王少子歆爲新野郡分割
南陽伍屬陽蔡陽穰鄧山都封焉王文舒更立中
隔西即郡治東則民居城西傍淯水又東與朝水
合水出西北赤石山而東南逕冠軍縣界地名沙
渠又東南逕穰縣故城南楚別邑也秦拔鄢郢即
以爲縣秦昭王封相魏冉爲侯邑王莽更名曰豐
穰也魏荆州刺史治朝水又東南分爲二水一水
枝分東北爲樊氏陂陂東西十里南北五里俗謂
之凡亭陂陂東有樊氏故宅樊氏旣滅庾氏取其
陂故喭曰陂汪汪下田良樊子失業庾公昌昔在
晉世杜預繼信臣之業復六門之遏六門之水下
結二十九陂諸陂散流咸入朝水事見六門碑六

門旣陂諸陂遂斷朝水又東逕朝陽縣故城北而
東南注于淯水又東南與棘水合水上承赭水赭
水出棘陽縣北數源並發南流逕小赭鄉謂之小
赭水世祖建武二年成安侯臧宮從擊上赭也東
源方七八步騰湧若沸故世名之騰沸水南流逕
于赭鄉謂之赭水建武二年祭遵引兵南擊董訢
於赭鄉以水氏縣故有赭陽之名也地理志曰縣
有赭水王莽曰陽城也漢哀帝改爲順陽建武二
年更封安陽侯朱祐爲赭陽侯赭水縣堨以爲陂
東西夾岡水相去五六里古今斷岡兩舌都水潭
漲南北一十餘里水決南潰下注爲灣灣分爲二
西爲赭水東爲榮源赭水參差流結兩湖故有東



陂西陂之名二陂所導俱水枝分東南至會口入
泚是以地理志云泚水赭水皆言入蔡互受通稱
故也二湖流注合爲黃水謂所受焉逕棘陽縣之
黃淳聚又謂之爲黃淳水者也故謝沈漢書甄阜
等敗光武于小長安東乘勝南渡黃淳水前營背
阻兩川謂臨泚水絕後橋示無還心漢兵擊之二
軍潰溺死黃淳水者二萬人又南逕棘陽縣故城
西應劭曰縣在棘水之陽是知斯水爲棘水也漢高
帝七年封莊得臣爲侯國後漢兵起擊唐子鄉殺
湖陽尉進拔棘陽鄧晨將賓客會光武于此縣也
棘水又南逕新野縣歷黃郵聚世祖建武三年傳
俊岑彭進擊秦豐先拔黃郵者也謂之黃郵水大

司馬吳漢破秦豐於斯水之上其聚落悉爲蠻居猶名之爲黃郵蠻棘水自新野縣東而南流入于淯水謂之爲力口也棘力聲相近當爲棘口也又是方俗之音故字從讀變若世以棘子木爲力子之木濦水東北流枝瀆右出世謂之死汝也別汝又東北逕召陵城北練溝出焉別汝又東汾溝出焉別汝又東逕征羌城北水南有汾陂俗音糞汾水自別汝東注而爲此陂水積征羌城北四五里方三十里許瀆左合小濦水水上承狼陂南流名曰犁水清陵陂水自陂東注之東廻又謂之小濦水而南流注于大濦水大濦水取稱盖籍濦汾注而總受巨自矣又東逕西華縣故城南又東逕汝陽縣故城北東注于潁



濯水出汝南吳房縣西北興山東過其縣北入于汝

縣西北有堂溪城故房子國春秋定公五年吳王闔閭弟夫概奔楚封之於堂溪故曰吳房也漢高帝八年封莊侯楊武爲侯國建武中世祖封泗水王歙子軍爲堂溪侯山溪有白羊淵淵水舊出山羊漢武元封二年白羊出北淵畜牧者禱祀之俗禁拍手嘗有羊出水野母驚抃自此絕焉淵水下合濯水濯水東逕濯陽縣故城西東流入瀙水亂流逕其縣南世祖建武元年封吳漢孫且爲侯國

其水又東入于汝水

瀙水出潕陰縣東上界山

山海經謂之瀙水也郭景純言或曰視宜爲瀙出
箴山水慎云出中陽山皆山之殊目也而東與此
水合水出潕陰縣草山東北流注瀙瀙水又東北
殺水出西南大熟之山東北流入于瀙瀙水又東
淪水注之水出宣山南東流注瀙水瀙水又東得
與水口水西出輿山東入于瀙水也
東過吳房縣南又東過灈陽縣南
應劭曰灈水出吳房縣東入瀙縣之西北即兩川
之交會也
又東過上蔡縣南東入汝
潕水出潕陰縣西北扶予山東過其縣南
山海經曰朝歌之山潕水出焉東流于滎經書扶




予者其山之異名乎滎水上承赭水東流左與西
遼水合又東遼水注之俱導北山而南流注于
滎滎水又東北於潕陰縣北左會潕水之道稍西
不出其縣南其故城在山之陽漢光武建武中封
岑彭爲侯國漢以爲陽山縣魏武與張繡戰于宛
馬名絕景爲流矢所中公傷右臂引還潕陰即是
地也城之東有馬仁陂郭仲産曰陂在泚陽縣五
十里蓋地比頃之所周溉田萬頃隨年變種境無
儉歲陂水三月其隍故瀆自隍西南而會於泚潕
水不得復逕其南也且邑號潕陰故無出南之理
出南則爲陽也非直不究又不思矣潕水又東北
河水注之水出雉衡東山南逕建城東建當爲卷

字讀與耳郡國志云葉縣有卷城其水又東流入于潕潕水東北逕于東山西西流入潕潕水之左即黃城山也水出黃城山東北逕方城郡國志曰葉縣有方城郭仲産曰苦菜于東之間有小城名方城東臨溪水尋此城致號之由當因山以表名地苦菜即黃城也及于東通爲方城矣世謂之方城山水東流流潕水故地理志曰南陽葉方城邑西有黃城山是長沮桀溺耦耕之所有東流水則子路問津處尸子曰楚狂接輿耕於方城蓋於此也盛弘之云葉東界有故城始犨縣東至瀙水達泚陽界南北聯聯數百里號爲方城一謂之長城云酈縣有故城一面未詳里數號爲長城即此城之西隅其間相去六里若南北雖無基築皆連山相接而漢水流其南故屈完荅齊桓公云楚國方城以爲城漢水以爲池郡國志曰葉縣有長城曰方城指此城也潕水又東北歷舞陽縣故城南漢高祖元年封樊噲爲侯國也

又東過西平縣北

縣故柏國也春秋左傳所謂江黃道柏方穆於齊也漢曰西平其西呂墟即西陵亭也西陵平夷故曰西平漢宣帝甘露二年封丞相于定國爲侯國王莽更之曰新亭晉太康地理志曰縣有龍泉水可以砥礪刀劒特堅利故有堅白之論矣是以龍泉之劒爲楚寶也縣出名金古有鐵官

又東過郾縣南

郾縣故城在此遠矣不得過

又東過定潁縣北東入于汝

漢安帝永初二年分汝南郡之上蔡縣置定潁縣延光中以陽翟郭鎮之爲尚書令封定潁侯即此邑也

溳水出蔡陽縣

溳水出縣東南大洪山山在隋郡之西南竟陵之東北盤基所跨廣圓一百餘里峯曰懸鉤處平懸衆阜之中爲諸嶺之秀山下有石門夾鄣層峻巖高皆數百許仞入石門又得鍾乳穴穴上素崖壁立非人跡所及穴中多鍾乳凝膏下垂望齊冰雪



微津細液滴瀝不斷幽穴潛遠行者不極窮深而穴內常有風勢火無能以經久故也溳水出于其陰初流淺狹遠乃寬廣可以浮舟栰巨川矣時人以溳水所導故亦謂之爲溳山矣溳水東北流合石水石水出大洪山東北流注于溳謂之小溳水而亂流東北逕上唐縣故城南本蔡陽之上唐鄉舊唐侯國春秋定公三年唐成公如楚有兩肅霜馬子常欲之不與止之三年唐人竊馬而獻之子常歸唐侯是也溳水又東均水注之水出洪山東北流逕土山北山上土山又東北流入于溳水溳水又屈而東南流

東南逕隋縣西

縣故隨國矣春秋左傳所謂漢東之國隨爲大者
也楚滅之以爲縣晉武太康中立爲郡有溠水出
縣西北黃山南逕㵐西縣西又東南㵐水入焉㵐
水出桐柏山之陽呂忱曰水在義陽㵐水東南逕
㵐西縣西又東南流于溠溠水又東南逕隨縣故
城西春秋魯莊公四年楚武王伐隨令尹鬬祁莫敖
屈重除道梁溠軍臨于隨謂此水也水側有斷蛇
丘隨侯出而見大蛇中斷因舉而藥之故謂之斷
蛇丘後蛇銜明珠報德世謂之隨侯珠亦曰靈地
珠丘南有隨季良大夫池其水又南與義井水合
水出隨城東南井泉嘗湧溢而津注冬夏不異相
承謂之義井下流合溠溠水又南流注于溳溳水
又會于支水水源亦出大洪山而東流注于溳溳
水又逕隨縣南隨城山北而東南注

又南過江夏安陸縣西

遼東出隨郡永陽縣東石龍山西北流南迴逕永
陽縣西歷橫尾山即禹貢之陪尾山也遼水又西
南至安陸縣故城西故鄖城也因岡爲墉峻不假
築溳水又南逕石巖山北昔張昌作亂於其下籠
綵鳳以惑衆晉太安二年鎮南將軍劉弘遣牙門
皮初與張昌戰於清水昌敗追斬於江矢即春秋
左傳定公四年吳敗楚于柏舉從之及于清發盖
溳水又東南流而右會富水出竟陵郡新市縣東
北大陽山水有二源也大富水出山之陽南流而

左合小富水水出山之東而南逕三王城東前漢末王匡王鳳王常所屯故謂之三王城城中有故碑文字闕落不可復識其水屈而西南流右合大富水俗謂之大泌水也又西南流逕杜城西新市縣治也郡國志以爲南新市也中山有新市故此加南分安陸立縣又王匡中興初舉兵於縣號曰新市兵也富水又東南流于安陸界左合上山水世謂之章水水出土山南逕隨郡平林縣故城西俗謂之將陂城與新市接界故中興之始兵有新市平林之號又南流右入富水富水又東入于溳

溳水又逕新城南永和五年晉大司馬桓溫築溳水又會溫水溫水出竟陵之新陽縣東澤中口徑



二丈五尺垠岸重沙端淨可愛靖以察之則淵泉如鏡聞人聲則揚湯奮發無所復見矣其熱可以燖雞洪瀏百餘步冷若寒泉東南流注于溳水又右得潼水水出江夏郡之曲陵縣西北潼山東南流逕其縣南縣治石潼故城城圓而不方東入安陸注于溳水

又東南入于夏

溳水又南分爲二水東通灄水西入于沔謂之溳口也

水經卷第三十一

# 水經卷第三十二

漢桑欽撰　後魏酈道元注

溳水　蘄水　決水　沘水

泄水　肥水　施水　沮水

漳水　夏水　羌水　涪水

潼水　涔水

溳水出江夏平春縣西

溳水北出大義山南至厲鄉西賜水入焉水源東出大紫山分爲二水一水西逕厲鄉南水南有重山即烈山也山下有一穴父老相傳云是神農所生處也故禮謂之烈山氏水北有九井子書所爲神農既誕九井自穿謂斯水也又言汲一井則衆水動井今堙塞遺迹髣髴存焉亦云鄉故賴國也有神農社賜水西南流入于溳即厲水也賜厲聲相近宜爲厲水矣一水出義鄉西南入隨又注溳

溳水又南逕隨縣注安陸也

南過安陸入于溳

蘄水出江夏蘄春縣北山

山即近柳也水首受希水枝津西南流歷蘄山出蠻中故以此蠻爲五水蠻五水謂巴水也水赤亭水西歸水蠻左馮居岨藉山川世爲抄暴宋世沈慶之於西陽上下誅伐蠻夷即五水蠻也

南過其縣西

晉改爲蘄陽縣縣從江州置大陽戍後齊安郡移

治於此也
又南至蘄口南入于江
蘄水南對蘄陽州入于大江謂蘄口洲上有蘄陽
縣徙
決水出廬江雩婁縣南大別山
俗名之爲檀山峴蓋大別之異名也其水歷山委
注而絡其縣也
北過其縣東
縣故吳也春秋左傳襄公二十年楚子秦人侵吳
及雩婁聞吳有備而還是也晉書地道記云在安
豐縣之西南卽其界也故地理志曰決水出雩
又北過安豐縣東



決水自雩婁縣北逕雞備亭春秋昭公二十三年
吳敗諸侯之師于雞父者也安豐縣故城今邊城
郡治也王莽之美風也世祖建武八年封大將軍
涼州牧竇融爲侯國晉立安豐郡決水自縣西北
流逕蓼縣故城東又逕其北漢高帝六年封爲孔
侯國也世謂之決水也水又西北灌水注之其水
導源廬江金蘭縣西北東陵鄉太蘇山卽注水也
許慎曰出雩婁縣俗謂之澮水也楮先生所謂神
龜出于江灌之間嘉休之中蓋謂此水也灌水東
北逕蓼縣故城西而北注決水也故地理志曰決
水北至蓼入灌灌水於蓼亦入決春秋宣公八年
冬楚公子燮滅蓼六臧文仲聞之曰臯陶庭堅不祀

忽諸德之不逮民之無援哀哉決水又北右會陽泉水水受決水東北流逕陽泉縣故城東故陽泉鄉也漢靈帝中封太尉黃琬爲侯國又西北流左入決水謂之陽泉石也

又北入于淮

俗謂之決口非也斯決灌之口矣余往因公至于淮津舟車所屆次于決水訪其民宰與古名全違脉水尋經方知決水蓋灌澮聲相倫習俗害眞耳

泚水出廬江灊縣西南霍山東北

灊者山水名也開山圖灊山圍繞太山爲霍山郭景純曰灊水出焉縣卽其稱矣春秋昭公二十七年吳因楚喪圍灊是也地理志曰泚水出泚山不言霍山泚字或作淠水又東北逕博安縣泄水出



東北過六縣東

淠水東北右會踰鼓川水水出東南踰川西北流左注淠水淠水又西北逕馬亭城西又西北逕六安縣故城西縣故咎陶國也夏禹封其少子奉其祀今縣都陂中有大冢民傳曰公琴者卽皐陶冢也楚人謂冢爲琴矣漢高帝元年別爲衡山國五年屬淮南文帝十六年復爲衡山國武帝元狩二年別爲六安國王莽之安風也漢書所謂以舒屠六晉太康三年廬江郡治淠水又西北分爲二水出焉又北逕五門亭西西北流逕安豐縣故城西晉書地道記安豐郡之屬縣也俗名之曰安城矣

又北會濡水亂流西北注之

北入于淮

水之決會謂之泚口也

泄水出博安縣

博安縣地理志之博鄉縣也王莽以為楊陸矣泄水自縣上承北水於麻步川西北歷山濡溪謂之濡水也

北過芍陂西與泚水合

泄水自濡溪水安風縣北流注于淠一謂之其濡口

西北入于淮

亂流同國也



肥水出九江成德縣廣陽鄉西

呂忱字林曰肥水出良餘山俗謂之連枷山亦或以為獨山也北流分為二水施水出焉肥水又北逕獲城東又北逕荻江東又會施水枝津首受施水於合肥縣城東西流逕成德縣注于肥水也

肥水別北過其縣西北入芍陂

肥水自荻丘北逕成德縣故城西王莽更之曰平阿也又北逕芍陂東又北逕死馬塘東芍陂瀆上承井門與芍陂更相通注故經言入芍陂矣肥水東北又合閻潤水上承施水於合肥縣北流逕復道縣西水積為陽湖陽湖水自塘西北逕死雩亭南夾橫塘西注宋大始初豫州司馬劉順帥衆八

千據其城地以拒劉勔杜叔寶以精兵五千送粮死爭劉勔破之此塘水分爲淵二洛淵出焉闇漿水注之水受芍陂陂水上承謂之於五門亭南別爲斷神水又東北流逕五門亭東亭爲水水之會也斷神水又東北逕神迹亭東又北謂之豪水唯廣異名事實一水又東北逕白芍亭東積而爲湖謂之芍陂陂周一百二十許里在壽春縣南八十里言楚相孫叔敖所造魏太尉王陵與吳將張休文戰於芍陂卽此處也陂有五門吐納川流西北爲香門陂水北逕孫叔敖祠下謂之芍陂瀆又北分爲二水一水東注黎漿水東逕黎漿亭南文欽之叛吳軍北入諸葛緒拒之於黎漿卽此水也

東注肥水謂之黎漿水口




又北過壽春縣東

肥水自黎漿北逕壽春縣故城東爲長瀨津津側有謝堂北亭迎送所薄水陸舟車是焉萃止又西北左合東溪溪水引瀆北山西南流逕導公寺西寺側因溪建刹五層屋宇閑敞崇虛攜覺也又西南流注于肥肥水又西逕東臺下臺卽壽春外郭東北隅阿之榭也東側有一湖三春九夏紅荷覆水引瀆城隍水積成潭謂之東臺湖亦肥南播也肥水西逕壽春縣城北右合北溪水導北山泉源下注漱石頹隍水上長林插天高柯負日出於山林精舍右山淵寺左道俗嬉遊多萃其下內外引

汲泉同七淨溪水沿注西南逕陸道士解南精廬臨側川溪大不爲廣小足閑居亦勝境也溪水流

注于肥水

北入于淮

肥水又西分爲二水右即肥之故瀆遏爲船官湖以置舟艦也肥水左瀆又西石橋門北亦曰草市門外有石梁渡此洲洲上有西昌寺寺三面阻水佛堂設三像眞容妙相相服精煒是蕭武帝所立也寺西即船官坊倉光都水是營是作湖北對八公山山無樹木唯重阜耳山上有淮南王劉安廟劉安是漢高帝之孫厲王長子也折節下士篤好儒學養方術之徒數十人皆爲俊異焉多神仙祕



法鴻寶之道忽有八公皆鬚眉皓素詣門希見門者曰吾王好長生今先生無住衰之術未敢相聞八公咸變成童王甚敬之八士並能鍊金化丹出入無間乃與安登山埋金於地白日升天餘藥在器雞犬舐之者俱得上昇其所昇之處踐石皆陷人馬跡存焉故山即以八公爲目余登其上人馬之跡無聞矣唯廟像存焉廟中圖安及八士像皆坐床帳如平生被服纖麗咸羽扇裙帔巾壺枕物一如常居廟前有碑齊永明十年所建也山有隱室石井即崔琰所謂余下壽春登北嶺淮南之道室八公石井在焉亦云左吳與王春傳生等尋安同詣玄洲還爲著記號曰八公記都不列其雞犬

昇空之事矣按漢書安反伏誅葛洪明其得道事
備抱朴子及神仙傳肥水又左納芍陂瀆瀆水自
黎漿分水引瀆壽春北逕芍陂門右北入城昔巨
鹿時苗爲縣長是其留犢處也瀆東有東都街街
之左道北有宋司空劉勔廟宋元徽二年建于東
鄉孝義里廟前有碑時年碑功方創齊永明元年
方立沈約宋書言太始元年豫州刺史殷琰及明
帝假勔輔國將軍討之琰降不犯秋毫百姓來蘇
生爲立碑史過其實建元四年故吏顏幼明爲其
廟銘故左寵娗爲妙讚夏侯敬友爲廟頌並附刊
于碑側瀆水又北逕相過城東劉武帝伐長安所
築也堂宇廳館仍故以相國爲名又北出城注肥

水又西逕金城北又西左合羊頭溪水水受芍陂
西北歷羊頭溪謂之羊頭澗水北逕熨湖左會烽
水瀆瀆受淮於烽村南下注羊頭溪側逕壽春城
西又北歷象門自沙門北出金城西門逍遙樓下
北注肥瀆肥水北注舊瀆之橫塘爲玄康南路馳
道左通船官坊也肥水逕玄康城西北流水北出
際有曲水堂亦嬉遊所集也又西北流昔在晉世
謝玄北禦符堅祈八公山及置陣於肥水之濱堅
望山上草木咸爲人狀此即故戰敗處非八公之
靈有助蓋符氏將亡之惑也肥水又西北注于淮
是曰肥口也
施水亦從廣陽鄉東南入于湖

施水受肥於廣陽鄉東南流逕合肥縣應劭曰夏水出城父東南至此與肥合故曰合肥闞駰亦言出沛國城父東至此合爲肥余案川亡派别無沿注之理方知應闞二説非實證也蓋夏水暴長施合於肥故曰合肥也非謂夏水自城父東逕合肥縣城南居四水中東又有逍遥津水上舊有梁孫權之攻合肥也張遼敗之於津北橋不撤者兩板權與甘寧蹴馬趨津谷利自後著鞭助勢遂得渡梁凌統被鎧落水後到追亡流涕津渚施水又東分爲二水枝水北出焉下注陽淵施水又東逕東口戍東注巢湖謂之施口也

沮水出漢中房陵縣淮水東南過臨沮縣界



沮水出東汶陽郡沮陽縣西北景山卽荆山首也高峰霞舉峻竦層雲山海經云金玉是出亦沮水之所導故淮南子曰沮出荆山高誘云荆山在左馮翊懷德縣蓋以洛水有漆沮之名故也斯謬證耳杜預云水出新城郡之西南發阿山蓋山異名也沮水東南流逕沮陽縣東南縣有潼水東逕其縣南下入沮水水又東南逕汶陽郡北卽高安縣界郡治錫城縣居郡下城故新城之下邑義熈初分新城立西表悉重山也沮水南逕臨沮縣西青溪水注之水出縣西青山山之東有濫泉卽青溪之源也口徑數丈其深不測其泉甚靈潔至於炎陽有亢陰雨時以穢物投之輒能暴雨其水導源

東流以源出青山故以青溪爲名尋源浮溪奇爲
深峭盛弘之云稠淵水傍生凌空交合危樓傾岳恒
有落勢風泉傳響於青林之下巖猨流聲於白雲
之上遊者常若目不周翫情不給賞是以林徒栖
託雲客宅心泉側多結道士精廬焉青溪又東流
入于沮水沮水又屈逕其縣南晉咸和中爲沮陽
郡治也沮水又東南逕當陽縣北縣城因岡爲阻
北枕沮川其故城在東一百四十里謂之東城在
綠林長坂南長坂即張益德橫矛處也沮水又東
南逕驢城西磨城東又南逕麥城西昔關雲長詐
降處自此遂叛傳云子胥造驢磨二城以攻麥邑
沮水又南逕楚昭王墓東對麥城故王仲宣之賦
登樓云西接昭丘是也沮水又南與漳水合焉



又東南過枝江縣東南入于江
沮水又東南逕長城東又東南流注于江謂之沮
口也
漳水出臨沮縣東荆山東南過蓼亭又東過章鄉南
荆山在景山東一百餘里新城沛鄉縣界雖羣峰
競舉而荆山獨秀漳水東南流又屈西南逕編縣
南縣舊東北一百四十里高陽城西南移治許茙
故城城南臨漳水又南歷臨沮縣之彰鄉南昔關
羽保麥城詐降而遁潘璋斬之於此漳水又南逕
當陽縣又南逕于麥城東王仲宣登其東南隅臨
漳水而賦之曰夾清漳之通浦倚曲沮之長洲是

也漳水又南沲水注之山海經曰沲水出東北宜
諸之山而流注于彰水
又南至枝江縣北烏扶邑入于沮
地理志曰禹貢東條荆山在臨沮縣之東北漳水
所出東至江陵入楊水注于沔非也今漳水於當
陽縣之東南一百里餘而右會沮水也
夏水出江流于江陵縣東南
江津豫章口東有中夏口是夏水之首江之汜也
屈原所謂過夏首而西浮顧龍門而不見也龍門
即郢城之東門也
又東過華容縣南
縣故容城矣春秋魯定公四年許遷于容城是也



北臨中夏水自縣東北逕成都郡故城南晉永嘉
中西蜀阻亂割華容諸城爲顯王都夏水又逕交
阯太守胡寵墓北漢太傅廣身陪陵而此墓側有
廣碑故世謂廣冢非也其文言是蔡伯喈之辭歷
范西戎墓南王隱晉書地道記曰陶朱冢在華容
縣對碑云是越之范蠡晉太原地記盛弘之荆州
記劉澄之記並言在縣之西南郭仲産言在縣東
十里檢其碑題云故西戎令范君之墓碑文缺落
不詳其人稱蠡是其先也碑是永嘉二年立觀其
所述最爲究悉似親逕其地故違衆說從而正之
水又東逕監利縣南晉武帝太康五年立縣土卑
下澤多陂池西南自州陵東界逕于雲杜沌陽爲

橋頭從此谷將出北道緒邀之此路繼更從此道
渡橋頭入劒閣緒追之不及羌水又東南陽部水
注之水發東北陽部溪西南逕安民戍又西南注
羌水又東南逕武階城西南又東南葭蘆城西羊
湯水入焉水出西北陰平北界湯溪東南逕北部
城北又東南逕三部城南東南右妾水合旁西南
出卽水源所發也羌水又逕葭蘆城南逕餘城南
又東南左會五會水水有二源出南北五部溪西
南流合為一水屈而東南注羌水羌水又東南流
至橋頭合白水東南去白水縣故城九十里
又東南至廣魏白水縣與漢水合又東南過巴郡閬
中縣又南至墊江縣東南入于江涪水出廣魏涪縣

西北
涪水出廣漢屬國剛氏遊徼外東南流逕涪水西
王莽之統睦臧宮進破涪城斬公孫恢於涪自此
水上縣有潺水出潺山水源有金銀礦洗取大合
之以成金銀潺水歷潺亭而下注涪水涪水又東
南逕綿竹縣北臧宮泝涪至平陽公孫述將王元
降遂扳綿竹涪水又東南與建始水合水發平洛
郡西溪西南流屈而東西流水於涪涪水又東南
逕江由戍北鄧艾自陰平景谷步道懸兵東馬入
蜀逕江由廣漢者也涪水又東南逕南安郡南又
南與金堂水會水出廣漢新都縣東南流入涪涪
水又南枝出焉西逕廣漢五城縣為五城水又西

至成都入于江

南至小廣魏與梓潼合

小廣魏卽廣漢縣地王莽更名曰廣信也

梓潼水出其縣北界西南入于涪

故廣漢郡也公孫述改爲梓潼郡劉備嘉霍峻守葭萌之功又分廣漢以北別爲梓潼郡以峻爲守縣有五女蜀王遣五丁迎之至此見大虵入山穴五丁引之山崩壓五丁及五女因是山爲五婦山又曰五婦候馳水所出一曰五婦水亦曰潼水也其水導源南逕梓潼縣王莽改曰子同矣自縣西逕涪城東又南入于涪水謂之五婦水口也

又西南至小廣魏縣南入于墊江



亦言涪水至北入漢水昔岑彭與臧宮自江州從涪水上亦謂之爲內水也逕墊江公孫述令延岑盛兵於沉水宮左步右騎夾船而進勢動山谷大破岑軍斬首溺水者萬餘人水爲濁流沉水出廣漢縣下入涪水也

涔水出漢中南鄭縣東南旱山北至沔陽縣南入于沔

涔水卽黃水也東北流逕城固南城北城在山上或言朝信始立或言張良創築未知定所制矣義熈九年索遐爲梁州刺史自城固治此故謂之南城城周七里今澗帶谷絶壁百尋北谷口造城東門傍山尋澗五里有餘槃道登陟方得城治城北水舊有桁北渡涔水水北有趙軍城城北又有桁

程迥为进贤令，听决狱讼，期于明允。凡上官所未悉者，必再三抗辩，不为苟止。

刘珙知隆兴府，诉讼有久不决者，取案牍藏之旬日，辄召会官属之贤可委者，合坐堂上，人付一事，使平决之，有司供具饮食如常。至暮白所与夺大事，则公先阅视，默有所处，然后参众说以决焉。以故多得其情，无不厌服。

陆九渊知荆门军，民有讼者，旦暮皆得造于庭。复令其自持状，以追为立期，皆如约而至。即为酌情决之，多所劝释。其有涉人伦者，使自毁其状，以厚风俗。唯不可训者，始置之法。以上，皆泛言留心讯谳者。

高柔迁廷尉，护军窦礼近出不还，营以为亡，表请捕没其妻子，妻称冤自讼。柔问曰：『汝何以知夫不亡？』



曰：『夫少单养母，又哀儿女，非不顾家室者。』曰：『汝夫与人争怨乎？』曰：『无。』曰：『汝夫与人交钱财乎？』曰：『尝出钱与焦子文，久求不得。』时子文适以小事系狱，柔乃见子文，问所坐次曰：『汝曾举人钱否？』对曰：『无。』柔察其色动，遂曰：『汝举窦礼钱，何言无？』子文惧，应对失次。柔曰：『汝杀窦礼，宜早伏。』子文叩头，具首杀窦礼本末，埋藏之所。掘得尸，诏释妻，抵子文罪。

胡质为常山太守，东莞卢显为人所杀，求贼未得。质曰：『此士无仇而有少妻，所以死耳。』乃集邻里少年，有李若者，见质而色动。遂穷诘之，乃自服罪。

程戡知虔州，民有积年为仇者，一旦诸子私谓其母曰：『母老且病，恐不更得寿，请以母死报仇。』乃杀其母，置于仇人之门而诉之，仇不能自明。戡疑之，或谓无疑。

戡曰：『杀人自置于门，非可疑耶？』乃亲劾治，具见本末。

吕公绰知开封府，有营妇，夫出外，夜盗入，断其腕而去，都人喧骇。公谓非夫之仇，不宜快意如此。遣骑诘其夫，果获同营韩元者，具奸状，伏诛。王安礼治匿名书，书有薛姓名。因诘薛之仇，得其人。同此。

刘崇龟镇南海，有富商子，泊舟江边，以言挑岸上一妙姬曰：『昏黄当到宅。』姬无难色，夕果启扉，待少年未至。有盗入，欲行窃，姬不知，即就之。盗谓见执，以刀刺之，遗刀而逃。少年后至，践其血仆地，扪见死者，急出解维而去。明日，其家随血迹至江岸。人云：『夜有某船径发去。』官差人追获，拷掠备至，具实吐之，惟不招杀人。以刀视之，乃屠家物。崇龟托演武，集合境庖丁宰杀，既集复曰：『已晚，留刀于厨，明日再至。』潜以杀人之刀换下



一口，来早各来请刀。独一屠最后，见刀曰：『此非某刀，乃某人之刀耳。』命擒之则已窜矣。于是以死囚代少年，侵夜毙于市。窜者闻而归，遂擒伏法。杖少年以夜入人家罪。司马悦辩张提之枉，汪泽民明他僧之冤，俱因刀而辩白。同此。

蒋常为御史，卫州店主张逖，妻归宁，王卫杨正投店宿，夜有人取王卫刀杀逖，复纳鞘中，正等不觉。至明店人起，正等拔刀，血甚狼籍。禁正考讯，自诬伏。太宗疑之，遣常复推。至则总召店人年十五以上者，诈为人数不足，放散之。惟留一老妪，日晚放出，命人密觇之。曰：『老妪之出，当有人与语，即潜记姓名。』果有一人，即记之。明日复尔，其人又至。如此者三日，并是此人。因集众，独擒与妪语者，余并放。诘之俱服，云与逖妻奸，杀逖。太宗赐绢二百匹。李杰命寡妇买棺杀子，使人密迹，而得与语之道士。陆云录死者之妻，无问遣出，令人随后，而擒与语之男子。包拯命杀割舌之牛，因来告而得割牛舌之贼。皆与此同。

张升知润州，有妇人夫出不归，忽闻菜园井中有死人，即往哭，曰：『吾夫也。』以闻于官。公命吏集乡里，验是其夫否。皆言井深不可辨。公曰：『众不能辨，而妇独知为其夫，何耶？』遂送狱讯问，乃奸夫杀之，妇与其谋。

孙长卿知和州，民有诉弟为人所杀，察其言不情，乃问曰：『汝户几等？』曰：『上等。』曰：『汝家几人？』曰：『惟一弟与妻子耳。』长卿曰：『杀弟者，兄也，岂将并有其赀乎？』讯之果伏。

欧阳颖知歙州，富家有盗启其藏，捕久不获。颖曰：『勿捕。』独召富家二子械付狱，劾之即伏。吏民初疑不胜楚掠而自诬，及出所盗物乃信。

阎济美镇江南，有舟人载客货。客密隐银十锭于货中，舟人窥之，乃盗而沉于泊舟之所。夜发至镇所检点不






得，遂执舟人而诉。公乃问昨宿之所，即令武士同往彼处水中钩之，得箧银，封署未动。

张鷟为河阳尉，有客驴缰断，并鞍失之，急捕乃夜放驴出，而藏其鞍。尉令弗秣驴，夜放之，驴寻向喂饲处去。乃搜其家，于积草中得鞍。

欧阳晔知瑞州，民有争舟殴死，狱久不决。晔出囚饮食之，皆还于狱，独留一人，留者色动。晔曰：『杀人者，汝也！』囚不知所以然。曰：『吾视食者皆右手，汝独以左。今死者伤右肋，此汝杀之，明也。』钱惟济验夺桑之盗，食以左手，知其自砍右臂以诬人，与此同。王璩因赃不服，于赃橐中得故纸，知其曾于房陵行劫，与此相似。○自高柔至此，皆主名不立，而能推求考探，卒能得其人者。

袁安值楚王英谋逆事，下郡覆者，三府举安能理剧，拜楚郡太守。时迫痛自诬者甚众，安理其无明验者，条上出之。府丞掾皆叩头争，以为不可。安曰：『如有不合，太

守自坐，不相及也。』遂分别具奏，得出者四百余家。此与崔仁师议原青州逆诬支党事相似，与向敏中密探杀主而活僧命，钱若水切访女奴，而贷富民，用心相同。

曹摅补临淄令，有寡妇养姑甚谨，姑以其年少令改适，妇守节不移。姑悯之，密自杀。亲党告妇杀姑，官为考鞫，妇不胜苦楚，乃自诬。狱当决，值摅到，知其有冤，更加辩究，具得情实。此与于公明东海孝妇之枉，孟尝明上虞孝妇之冤，酷相似。然于孟二公权不在手，不克白之于生前，仅能明之于死后。较之摅能卒出其死，则尤可尚也。○自袁安至此，皆不拘成案，不惑人言，不畏刑罪，以直无辜者。

王罕知潭州，有狂妇数诉事，出言无章，却之则勃骂，前守叱逐之。罕独引至前，委曲徐问，久稍可晓。本为人妻，无子夫死，妾有子遂逐妇而据家赀，屡诉不得直，因愤怒发狂。罕为治妾而反其赀，妇良愈。郡人传为神明。监司上言治状，敕书褒谕，赐绢三百。此不轻其人，不忽其言，故能深得下情。

黄霸为颍川守，有富家兄弟妇同孕，长姒胎伤匿之，







弟妇生男，长姒辄取为己子。争论三年，诉于霸。霸使人抱儿于庭，使娣姒竞取之。姒持之甚坚，弟妇恐有伤，而情极凄惨。霸乃叱长姒曰：『汝贪家财欲得此男，宁虑有伤乎？此事审矣。』姒乃伏罪。此与薛宣断争缣事，令各与一半，使人密察其恩怨之言，而决真伪同。然此所谓色听，而薛所谓声听也。

许宗裔典剑州，有于灯下认贼，晓告官捕之，所收赃惟缫丝绸卷，不禁考掠，遂诬伏。送州，因言失物乃是家有，与失主互争，即命收两缫车。又问绸卷各用何物为胎心。因云：『用杏核。』失主言：『瓦子』。开见杏核。仍以丝绳安于车釭，亦与囚车合，其枉获雪。此与傅琰因卖糖卖针之姥争团丝，令鞭团丝见铁屑，而直卖针者。野父共争鸡，问饲鸡之物，对一粟一豆，令破鸡见粟而罪言豆者。孙亮索蜜有鼠矢，蜜吏黄门两不承，命破矢验中燥湿，矢破中燥，而罪黄门。于仲文因二民争认一牛，命各驱牛群，至放牛，观其所入，罪牛不入群之主。四事俱同，皆即物理之自然者，以决所争之是非也。

张举为句章令，有妻杀夫，因放火烧舍，乃诈称夫烧死。夫之亲疑之，诣官告，妻拒而不承。举取猪二口，一杀

一活，积薪烧之。杀者口中无灰，活者口中有灰。因验夫口中无灰。妻果伏罪。此与众见金化而疑县令，袁滋乃铸金实瓮，验非二人能舁，以破群疑。民偶碎徽而要重赔，孙宝乃货徽称定其所碎之数，以减其偿，二事同。皆即彼物以明此物，而窥见实情者也。

明道先生为鄠县簿，民有借兄居宅者，发地中得钱。兄子诉其为父所藏，令以无证佐难决。先生问兄子曰：『尔父藏钱几年？』曰：『四十年。』『彼借居几何时？』曰：『二十年。』即取钱十千视之，谓借宅者曰：『今官所铸钱，不五六年即遍天下。此钱皆尔未借居前所铸，何也？』其人遂服。为晋城令，富民张氏子父死，有老父至门曰：『我汝父也，来就汝居。』且陈其由。张惊疑，相与诣县请辨。老父曰：『业医远出，生子贫不能养，以与张氏。某年月日抱去，某人见之。』先生曰：『岁久矣，何说之详也？』老父曰：『书药法册后。』使以册进。乃曰：『某年月



日某人抱儿与张三翁。』先生问张氏子：『年几何。』曰：『三十六。』『汝父年几何？』曰：『七十六。』谓老父曰：『是子之生，其父方四十，人已谓翁乎？』老人惊骇服罪。此与张楚金验字由补合，知反书之诈，而释裴光。张频察墨浮朱上，辨田契之伪，而罪孙延世。汪令知染纸可诈，故券察里色以定其伪。李公知服气可以不食，以塞鼻而破其奸。强至审积油得湿能致火，程林察板壁近灶而起焚，李公验榉柳可诈瘢伤，王臻知野葛能殒生命，事异而理同。皆能致诘乎所恃以争之本，而决其真伪者。虽以用心之到，亦以世故之熟也。

杜亚镇维扬，有富民父亡，奉继母不以道，因上寿，母复子爵。子疑有毒，覆于地，地坟，乃谓母以鸩杀人，诉于府。公曰：『酒从何来？』曰：『长姒执爵而致。』公曰：『尔妇执爵，毒由妇起，岂可诬母？』分开鞫之，盖子妇同谋害母。遂皆伏法。此与妻托医疾，令夫杀邻犬，故留余肉，嗾邻讼夫，裴均知妻有他谋，故陷夫于祸，而罪妻及外情者同。皆能洞见本谋，反坐刑罪。

何武为沛郡太守，富民一子，数岁失母。有一女不贤，父病将革，呼族人为遗书，令悉以财属女，但以一剑遗子。云：『年十五付之。』后又不时授，儿乃讼之。武省其

书曰：『女性强梁，婿复贪鄙。畏害其儿，且俾与女，实寄之耳。夫剑者所以断决，限年十五者，度其智力足以自居。或闻州县得以申理，其用虑深远如是！』乃悉夺财还子。此与张咏判富民将死，遗书分财，婿与十七，子与十三。子长致讼，婿持书请如约。乃命三与婿，七与子，事同。皆能体父子相传之本情，不泥权宜一时之故约者。

赵忭为武安推官，有伪造印者，吏白当死。公独曰：『造在赦前，用在赦后。赦前不用，赦后不造，法皆不死。』遂以疑谳之，卒免。一府皆服。此与马宗元诉父守辜，所殴死在限外四刻。郡守为原父死。皆罪虽合《律》考时宜宥者。事同

殷仲堪为荆州牧，有桂阳人黄钦生，二亲久没，诈服衰麻，言迎父丧，府曹拟依律弃市。仲堪曰：『原此以二亲生存，而横言死没，情事悖逆，固当弃市。今钦生父母已没，此特妄诞耳。』此与子盗嫁母柩还祔父葬，苏寀原其至情，不以伐冢论。子杀父之继母，汉武以其恩绝，不以大逆诛。婿杀妻之父母兄弟，刑曹驳其义绝，不以妻并罪事颇同。盖事虽合于律条，而情则各有轻重。

戴胄为大理寺卿时，长孙无忌被召，不解佩刀，入东



上阁。封德彝论监门校尉不觉察，罪死，无忌当赎。胄曰：『校尉、无忌罪均，臣子于君父不得称误。若罚无忌，杀校尉，不可谓刑。』诏复议，无忌与校尉，俱得免死。此二人同罪，不可以贵贱异刑者。自赵抃至此，诸公皆能推仁术于鞫讯之下，明至理于科条之间，尤用心之精到者。

韩亿知洋州，有大校李申，以财豪于乡，迫嫁其嫂，诬其子为异姓，赂里妪之貌类者，认为己子，以专其资。嫂历诉于官，申辄赂吏，使掠服之，积十余年。公至，又出诉。公视旧案，未曾引乳医为证。一日尽召其党，以乳医示之，众乃无词。子母复归如初。此与刘沆引邻证，田某从事引仵作证死事同，皆善求证佐者。

孙甫为华州推官，州仓粟恶，吏当赔钱数百万。转运使李纮以属甫。甫乃命取斗粟舂之，可弃者十才一二，又试之亦然。吏遂弛系，所赔钱数十万而已。纮因荐甫。此能求详于钱谷之分数，决钱谷之狱者，当知此意。右中四十二条

昱按：史传所载，善于讯谳之人，不可枚举，姑掇切其大者，以为例，观者推而广焉可也。他如令扪钟，而探盗情；称失状，而恬诬迹；作匿名书多贴官门，以致真盗之出首；指衣马色，伪言被杀，而致盗母之自来；称库被盗，招人缉首，而得假银为质之主；枷囚于市，使人密听，而得瓦石市马之人；诈称捕盗，致舅吐寄牛之实；佯扳行盗，致弟言隐财之情。虽卒得其真，然已先以诈，固足为用明决狱之资，终非以诚化俗之道。君子或时一用之，要不可常也。故不以入《鉴》。

周子曰：『刑者民之司命，情伪微暧，其变千状，苟非中正明达而果断者不能决也。』

庐陵欧阳氏曰：『吾昔官夷陵，暇取架阁陈年文案反复观之，见其枉直乖错，不可胜数。以无为有，以枉为直，违法徇情，灭亲害义，无所不有。当时仰天誓心，自尔遇事不敢忽。』

朱子曰：『今人狱事，只管理会要从厚。不知不问是非善恶，只务从厚，岂不长奸惠恶？大凡事付之无心，因其所犯，考其实情，轻重厚薄，付之当然可也。若从薄者，固不是，只云我要从厚，则此病所系亦不轻。』



又曰：『《书》所谓「钦恤」者，欲详审其曲直，令有罪者不得免，无罪者不滥刑也。罪疑从轻，功疑从重。所谓疑者，非法令之能决，则罪从轻，功从重。惟此一条为然耳。非谓凡罪皆可从轻，凡功皆可从重也。』

又曰：『无根之讼多，须与他研穷道理，分辨是非曲直，自然讼少。若厌其多，不与分别，愈见多事。』

又与门人论妇告离其夫，子讼父与继母，不恤前妻之子，洎母与继父恣意破荡家业者，曰：『这般事都就一边看，不得曲折，不得不根究。』

南轩张氏曰：『治狱多不得其平者，盖有数说。吏与利为市固所不论，而或矜智巧以为聪明，持姑息以惠奸恶。上则视大官之趋向，而轻重其手；下则惑胥吏之浮言，而二三其心。不尽其情，而一以威怵之；不原其初，而一以法绳之，如是不得其平者抑多矣。无是数者之患，邮法（罚）丽于事，而深存哀矜勿喜之意，其庶矣乎！在上者又当端其一心，勿以喜怒好恶一毫先之，听狱之成，而审度其中，隐于吾心，竭忠爱之诚，明教化之端，以期无讼为本，则非惟可以臻政平讼理之效，而收辑人心，感召和气。其于邦本所助，岂浅也哉！』

西山真氏曰：『狱者民之大命，岂可小有私曲？』

又曰：『告讦乃败俗乱化之源，一有所犯，自当痛惩，何可勾引？今官司有受人实封与出榜召人告首阴私罪犯，皆系非法。』

鲁斋许氏曰：『推勘公事，已得大情，适当其法，不旁求深入，是亦利人之一端也。彼俗吏不达此理，专以出罪为心，谓之阴德。余曰不然。履正奉公，疾恶举善，人臣





之道也。苟恶者当害之而反利之，善者当利之而反害之，显不能逃其刑责，幽不能欺于神明，顾何阴德之有焉？』

太原刘氏曰：『珥笔健讼之徒，官司当取贯迹姓名。如遇诉讼到官，少有无理，比之常人，痛加惩治。若有卑幼诉尊长，奴婢告主人，自非谋反大逆之事，不得受理，宜加惩戒，此厚风俗之一端也。』

又曰：『刑狱之事，暧昧未明，情态千变。苟不以至公无私之心，详察其间，差之毫厘，人命死生系焉。公以议狱，尚有不周。如或畏权势，而变乱是非，徇亲故而交通贿赂，好恶喜怒，私意一萌，断无平允。明有官刑，阴遭谴责，不可不慎。』

又曰：『江南珥笔之俗，最为不法。有一等豪猾税户，罢吏乡老，把柄官府乡曲，少有忤己者，使人饰词陈

诉。及两诉在庭，辩口利舌，其被诬者往往愚儒，讷不能言。或引人强证，是非颠倒，不可不详。切须受状之时，再三引审，先责诬告反坐之状，然后施行，其间或有儒善之民，含冤赴诉，畏怕官司，不能尽情者，宜温言询问，庶得真情。若事不干己而诉者，屏绝不受。如此自然讼简。』

又曰：『讼者原竞本一二人，初入词类扳竞人兄弟父子亲邻，动辄数十人，甚至及其妻女，以牵连凌辱之。若官不详究点，紧关一二人而追问。一付吏手，视治奇货，必据状悉追，无一人得免。走卒执判在手，引带恶少，吓取无已。未至官府，其家已破。故必量事之急缓，如杀人劫盗，必须差人掩捕。余如婚田斗殴钱谷交关之讼，止令告人自赍判状信牌，责付乡都保正勾解，庶免民害。』

齐东张氏曰：『亲族相讼，宜徐而不宜亟，宜宽而不





宜猛。徐则或悟其非，猛则益滋其恶。第下其里中开谕之，斯得体矣。』

又曰：『狱问初情，民之常言也。盖狱之初发，犯者不暇藻饰，问者不暇锻炼，其情必真而易见，威以临之，虚心以诘之，十得七八矣。少萌姑息，则有百倍厥初者。』

又曰：『在狱之囚，吏案虽成，犹当详谳也。若酷吏锻炼而成者，虽谳之囚，不敢异词。须尽辟吏卒，和颜易气，开诚心以感之。或令忠厚狱卒，款曲以其情问之。如得其冤，立为辩白，不可徒阂吏文也。』右下十七条

## 牧鉴卷七

### 刑罚　三之六 共三十六条

《噬嗑·大象》曰：『雷电，噬嗑。先王以明罚敕法。』

《丰·大象》曰：『雷电皆至，丰。君子以折狱致刑。』

《旅·大象》曰：『山上有火，旅。君子以明慎用刑，而不留狱。』

《舜典》曰：『眚灾肆赦，怙终贼刑。钦哉，钦哉！惟刑之恤哉。』

《大禹谟》曰：『刑，期于无刑。』

又曰：『罚弗及嗣，赏延于世。宥过无大，刑故无小。罪疑惟轻，功疑惟重。与其杀不辜，宁失不经。』

《康诰》曰：『人有小罪，非眚，乃惟终。自作不典，式尔。有厥罪小，乃不可不杀；乃有大罪，非终，乃惟眚灾，适尔。既道极厥辜，时乃不可杀。』



又曰：『汝陈时臬事，罚蔽殷彝，用其义刑义杀。勿庸以次封汝，乃汝尽逊，曰时叙。惟曰，未有逊事。』

《吕刑》曰：『五辞简孚，正于五刑；五刑不简，正于五罚；五罚不服，正于五过。』

又曰：『上刑适轻，下服；下刑适重，上服。轻重诸罚有权。』

又曰：『有邦有土，告尔祥刑。在今尔安百姓，何择非人，何敬非刑，何度非及？』

又曰：『五刑之疑有赦，五罚之疑有赦，其审克之。』

《王制》曰：『刑者，侀也；侀者，成也。一成而不变。故君子尽心焉。』

《君陈》曰：『辟以止辟，乃辟。』

《周礼・司寇》：『以五刑纠万民：一曰野刑，上功纠力；二曰军刑，上命纠守；三曰乡刑，上德纠孝；四曰官刑，上能纠职；五曰国刑，上愿纠暴。』

又《司刺》：『一宥曰不识，再宥曰过失，三宥曰遗忘。一赦曰幼弱，再赦曰老旄，三赦曰蠢愚。』

孟氏使阳肤为士师，问于曾子。曾子曰：『上失其道，民散久矣。如得其情，则哀矜而勿喜。』右上十七条

子羔为卫政，刖人之足。卫之君臣乱，子羔走，郭门闭，刖者守门，曰：『于彼有缺。』子羔曰：『君子不逾。』曰：『于彼有窦。』子羔曰：『君子不隧。』曰：『此有室。』子羔入，追者罢。子羔将去，谓刖者曰：『吾不能亏主之法命，而亲刖子之足，吾在难中，此乃子之报怨时也，何故逃我？』刖者曰：『断足固我罪也，无可奈何。君之治臣也，倾侧法令，先后臣以法，欲臣之免于法也，臣知之。



狱决罪定，临当论刑，君愀然不乐，见于颜色，臣又知之。君岂私臣哉。天生仁人之心，其固然也。此臣之所以脱君也。』孔子闻之曰：『善为吏者树德，不善为吏者树怨。』

于定国为廷尉，其决狱平法，务在哀鳏寡，罪疑从轻，加审慎之心。

虞经为郡县吏，案法平允，务存宽恕。每冬月上其状，辄流涕随之。

吴佑为胶东相，时安邱男子毋邱长，与母俱行，道遇醉客辱其母，长杀之而亡。安邱追踪，于胶东得之。佑呼长，谓曰：『子母见辱，人情所耻。然孝子忿必虑难，动不累亲。今若背亲逞怒，白日杀人，赦若非义，刑若不忍，将如之何？』长请罪。佑问长：『有妻子乎？』曰：『有妻，未

有子也。』即移安邱，送长妻到，即解其桎梏，使同宿狱中，妻遂怀孕。至冬尽行刑，长乃啮指而吞之，含血言曰：『妻若生子，名吴生，言我临死吞指为誓，属儿以报吴君。』

史弼为平原相，时诏书下举钩党，郡国所奏相连及者多至数百，惟弼独无所上。诏书前后迫切州郡，髡笞掾史。从事坐传责曰：『青州六郡，其五有党，平原何理而得独无？』弼曰：『水土异齐，风俗不同。他郡自有，平原自无，胡可相比？』济活者千余人。

贾彪为新息长，小民贫困，多不养子。彪严为其制，与杀人同罪。城南有盗劫杀人者，北有妇人杀子者，彪出案发，而掾吏欲引南。彪曰：『贼寇害人，此则常理。母子相残，逆天违道。』遂驱北行，案验其罪。城南贼闻之，亦面缚自首。数年间，养子者千数。佥曰：『此贾父所长。』



韩麒麟拜齐州刺史，在官寡于刑罚。从事刘普庆说曰：『明公杖节，方夏无所斩戮，何以示威？』麒麟曰：『人不犯法，何所戮乎？若必须斩断以立威名，当以卿应之。』普庆惭惧而止。

刘祥道迁司刑太常伯，每覆大狱，必欷歔累叹。决日，为再不食。

徐有功为蒲州司法，不施敲扑。吏相约，有犯徐司法杖者，众共斥之。迨官满，不杖一人，职事亦修。

齐浣调蒲州司法参军，有父子连坐至死者。浣曰：『条落则本枯，奈何俱死？』议贷其父，太守不听。固争，卒原。

柳公绰为山南东道节度使，行部至邓县，吏有纳贿舞文，二人同系，县令以公绰素持法，必杀贪者。公绰判曰：『赃吏犯法，法在；奸吏坏法，法亡。诛舞文者。』

曹彬知徐州，断一罪，既立案。逾年，然后杖之。人皆不晓其旨。彬曰：『吾闻此人新娶妇，若杖之，其舅姑必以其妇为不利而恶之，朝夕诟骂，使不能自存。吾故缓其事，而法亦不敢赦也。』

王曾留守洛阳，属岁歉，里有困积者，饥民党聚胁取。邻郡以强盗论死者甚众，公但重笞而释之，远近以为法，全活甚众。

张咏知杭州，岁饥，民冒禁贩盐，捕获者数百人，咏悉宽其法。官属执言不可，咏曰：『钱唐十万家，饿殍如此。若盐禁益严，则聚众而为盗，患益甚矣。俟秋成敢尔，当痛绝之。』

韩琦知郓州，州捕盗之法，以百日为三限，限不获者





抵罪。盗未必得，而被刑者众。公请获他盗者听比折除，过捕者有免刑之路，故盗多获。朝廷著为天下法。右中十五条

西山真氏曰：『针芒刺手，茨棘伤足，举体凛然，谓之痛苦。刑威之惨，百倍于此，其可以喜怒施之乎？虎豹在前，坑阱在后，号呼求救，惟恐不免。狱犴之苦，何异于此？其可使无罪者坐之乎！』

又曰：『狱者，生民之大命，苟非当坐刑名者，自不应收系。为知县者，每每必须躬亲，庶免枉滥。闻诸县间有轻寘人于囹圄，而付推鞫于吏手者，往往写成草子，令其依样供写，及勒令立批，出外索钱。稍不听从，辄加箠楚，哀声惨毒，呼天莫闻。或囚粮减削，衣被单少，饥冻至于交迫；或枷具过重，不与汤刷，颈项为之溃烂；或屋瓦疏漏不修，有风雨之侵；或牢床打并不时，有蚁虱之

苦；或坑厕在近，无所蔽障，有臭秽之熏；或因病不早医治，致其瘐死；或以轻罪与大辟同牢，若此者，不可胜数。今请知县，以民命为念。凡不当送狱，公事勿轻收禁；推问供责，一一亲临；饮食居处，时时检察；严戢吏胥，毋使擅自拷掠，变乱情节。至于大辟，死生所关，岂容纤毫，或至枉滥，明有国宪，幽有鬼神，切宜究心，勿或少缓。』

又曰：『刑者，不获已而用。人之体肤，即己之体肤也，何忍以惨酷加之乎？今为吏者，好以喜怒用刑，甚者或以关节用刑。殊不思刑者国之典，所以代天纠罪，岂官吏逞怒行私者乎！』

齐东张氏曰：『狱庭时当一至也。不惟有以安众囚之心，亦使司狱卒吏知所儆畏，而无饮博喧哗，逸而反狱者，亦先事防之之意也。仓库同。』右下四条



## 财用 三之七 共十八条

《节·彖传》曰：『节以制度，不伤财，不害民。』

《大学》曰：『生财有大道。生之者众，食之者寡，为之者疾，用之者舒，则财恒足矣。』

孟子曰：『不违农时，谷不可胜食也；数罟不入洿池，鱼鳖不可胜食也；斧斤以时入山林，材木不可胜用也。』

又曰：『易其田畴，薄其税敛，民可以使富也；食之以时，用之以礼，财不可胜用也。』右上四条

薛宣性静密有思，为左冯翊，所居皆有条教可纪，下至财用笔砚，皆周设方略，利用而省费。

陶侃为荆州刺史，时造船，木屑竹头，悉令举掌之。

或不解所以。后正会，积雪始晴，厅事前馀雪犹湿，于是以木屑布地。及桓温伐蜀，又以侃所贮竹头作钉装船。其综理微密，皆此类也。

韦丹为江西观察使，罢八州冗食者，收其财。初，民不知为瓦屋，草茨竹椽，久燥则戛而焚。丹召工教为陶，聚财（材）于场，度其费为价，不取赢利。人不能为屋者，受材瓦于官，免半赋，徐取其偿。逃未复者，官为代之，贫不能者，畀以财。身往督观。

韦宙为永州刺史，民贫无牛耕，宙为置社，二十家月会钱若干，探名得者先市牛，以是为准。久之牛不乏。

张咏知益州，先是城中都兵尚三万人，无半月之食。咏知民间旧苦盐贵，而廪有余积，乃下其估，听民以米易盐。未逾月，得数十万斛。度有二岁储，乃奏免陕西粮运。





王素知成都，先是牙校岁输酒功（坊）钱，以供厨传之费。后加丰而不知约，故输者日加困而不胜，公为一切裁约之。铁钱惟行于两川，岁加铸不止。故钱轻货重，商旅不行。公为罢铸十年，物价以平。

龟山先生令浏阳，方官散青苗钱，凡酒肆食店，与乎俳优戏剧之罔民财者，悉有以禁。散钱已，然后复故。

叶颙知常州，初至郡无旬月储，未一年，余缗钱二十万。或劝献羡余。公曰：『羡余非重征即横敛，是民之膏血也。以利易赏，心实耻之。』

晦庵先生尝请于府，于崇安立社仓一所。请官米六百石以为本，而排年取息二分，散敛以时，各有明法。或遇小歉即蠲其息之半，大饥即尽蠲之，本则如故。其后本米还官之余，息米犹计三千余石。遂定为久计，更不收息，石量收耗米三升。

石子重尹尤溪，初至官，吏以财匮，请借民租。君不答，但日治税籍。凡民逸绝而田入见户者，与鬻产而不能复其籍者，皆正之。又谨视其出纳之际，要为简易以便民，而吏不得以容其奸。关市之征亦损其数。由是官无苛扰，农商得职，租以时入，财用遂足。右中十条

龟山杨氏曰：『民之有财，亦须上之人与之爱惜。而巧求暗取之，虽无鞭扑以强民，其所为有甚于鞭扑矣。』

上蔡谢氏曰：『陕西以铁钱旧矣，有议更以铜者。已而会计所铸，子不逾母，谓之无利，遂止。伊川先生曰：「此乃国家之大利也。利多费少，私铸者众；费多利少，盗铸者息。民不敢盗铸，则权归公上，非国家之大计乎！」又有议增解盐之直者，先生曰：「价平则盐易泄，



人人得食，无积而不售者，岁入必倍矣，价增则反是。」已而果然。』

朱子曰：『某人作县，友人送之曰：「张直柔在彼，每事可询访之。」其人到官，忽有旨造战船，召匠计之，所费甚巨，因忆临行之言，亟访策于张。张曰：「可作一小者，计其丈尺广狭长短，即是推之，则大者可见矣。」遂如其语为之，比成推算，比前所费减十之三四。诸县皆重有科敛，独是邑不扰。』

鲁斋许氏曰：『地方之生物有大数，人力之成物有大限。取之有度，用之有节，则常足；取之无度，用之无节，则常不足。生物之丰歉由天，用物之多少由人。』右下四条

## 市价 三之八 共十四条

《周礼·司市》：『掌市之治，教、政、刑、量度、禁令。』

《贾师》：『各掌其次之货贿之治，辨其物而均平之，展其成而奠其价，然后令市。凡天患，禁贵价者，使有恒价。四时之珍异，亦如之。』

《泉府》：『掌以市之征布，敛市之不售。货之滞于民用者，以其价买之。物楬而书之，以待不时而买者。凡民之贷者，与其有司，辨而授之。』右上三条

李悝为魏文侯作平籴法，必谨视上中下熟。上熟，则上之人籴三而舍一；中熟，则籴二；下熟，则籴一。使民适足，价平则止。小饥，则发小熟之所藏；中饥，则发中熟之所藏；大饥，则发大熟之所藏。虽遇饥馑水旱，籴不至贵，而民自足。

第五伦为京兆主簿，领长安市。正权衡斗斛，市无阿枉。



耿寿昌为大司农中丞，奏令边郡皆筑仓。以谷贱增其价而籴，以利农；谷贵减其价而粜，以利民。名曰常平仓。

赵叟刺冀州，市多奸诈，为铜斗铁尺置于市，百姓便之。

裴耀卿为长安令，旧有配户和市法，人厌苦。耀卿一切责豪门坐贾，预给以值，绝僦欺之蔽。

卢坦为宣歙观察使，岁饥谷价日增，或请抑之，坦曰：『宣歙谷少，仰食四方。价贱则商船不来，益困矣。』既而米斗二百，商旅辐辏，民赖以生。

张咏知益州，以州地狭，民游手者众，稍遇水旱则艰食。时斗米直钱三十六，乃按诸邑田税，如其价折米。至春，籍城中细民，计口给券，俾输原估籴之。奏为永制。今

七十余年，虽有灾馑，米不甚贵，而益民无馁色者。

赵抃知越州，两浙蝗旱，米价踊贵，诸州皆禁。公独榜通衢，令有米者任增价粜之。于是诸州米商，辐辏诣越，米价更贱，民无饥者。

文彦博在成都，米价腾贵，因就诸城门相近院凡十八处，减价粜卖，不限其数，张榜通衢，米价遂减。又知永昌军时，有言乞废陕西铁钱者，朝廷虽不从，人多知之，争以铁钱买物。卖者不肯受，长安为之乱而闭肆。或请禁之，公曰：『如此是愈使惑扰也。』出其家缣帛数百匹，召丝绢行人，纳铁钱卖之，于是人知铁钱不废，市肆复安。

明道先生为晋城令，河东财赋窘迫，官所科买，岁为民患。虽至贱之物，官取之则价翔踊，多者至数十倍。先生度常所需，使富家预储，定其价而出之。富室不失倍息，而乡官所费者，十省七八。又常权物价，使不至甚贵甚贱。右中十条



西山真氏曰：『物同则价同，岂有公私？今州县凡官司敷买，视市直每减十之二三，或不即还，甚至白著，民户何以堪此？』右下一条

## 祠祀　三之九 共十九条

《祭统》曰：『凡治人之道，莫极于礼，礼有五经，莫重于祭。夫祭者，非物自外至者也，自中出生于心者也。心怵而奉之以礼，是故惟贤者，能尽祭之义。』

又曰：『及时将祭，君子乃齐。齐之为言齐也。齐不齐，以致其齐者也。是故君子非有大事也，非有恭敬也，则不齐。不齐则于物无防也，耆欲无止也。及其将齐也，防其邪物，讫其耆欲，耳不听乐。故《记》曰：「齐者不乐。」

言不敢散其志也。心不苟虑，必依于道；手足不苟动，必依于礼。是故君子之齐也，专致其精明之德也。故散齐七日以定之，致齐三日以齐之。定之之谓齐，齐者精明之至也。然后可以交于神明也。』

《论语》曰：『祭如在，祭神如神在。子曰：「吾不与祭，如不祭」。』

《曲礼》曰：『祭祀不言凶。』

《谷梁传》曰：『宫室不设，不可以祭；衣服不修，不可以祭；车马器械不备，不可以祭；有司一人不备其职，不可以祭。祭也者，荐其时也，荐其敬也，荐其美也，非享味也。』

《王制》曰：『祭，丰年不奢，凶年不俭。』

《曲礼》曰：『凡祭，有其废之，莫敢举也。有其举之，莫敢废也。非其祭而祭之，名曰淫祀。淫祀无福。』



孔子曰：『我战则克，祭则受福，盖得其道矣。』右上八条

张文宗为建州刺史，州尚淫祠，不立社稷。文宗下教曰：『春秋二祀，本于农。今废不立，田亩卒荒，或未之思乎？神在于敬，可以致福。』于是始建社场，民悦从之。

狄仁杰巡抚江南，吴楚俗多淫祠，公一切禁止，只留夏禹、吴太伯、季札、伍员四祠而已。

李德裕为浙西观察使，按属非经祠者，毁千余区。

高承简为溵州刺史，时儒教废坏，首葺儒宫，备俎豆，岁时行礼。

程迥为进贤令，祠庙非祀典不谒。

张敬夫为守，世俗鬼神、佛老之说，必屏绝之。独于社稷、山川、古先圣贤之奉为兢兢。虽法令所无，亦以义

起。右中六条

程子曰：『敬鬼神者，礼也。昵鬼神而求焉，斯不智矣。』

建安胡氏曰：『立心以忠厚不欺为主，本人能如此，然后可以奉祭祀事鬼神。而幽明之间，两无所憾。若平日所行，未免仰愧俯怍，乃欲以牲牢酒醴求福于神，神岂有降福之理！故曰：「为恶不可祷神。」可不畏哉！可不戒哉！』

北溪陈氏曰：『古人祭祀，须是有此实理相关。然后三日斋，七日戒，以聚吾之精神。吾之精神既聚，则所祭者之精神亦聚，必自有来格底道理。』

齐东张氏曰：『毁淫祠，非烛理明而信道笃者，不能，非行己端而处心正者，不敢。』



又曰：『凡有祈祷，不必劳众。斋居三日，以思己愆。民有冤与？己有赃与？政事有未善与？报国之心有未诚与？无则如仪行事；有必俟追改，而后祷焉。夫动天地感鬼神，非至诚不可。纤悉之慝未除，则彼此邈然矣。』右下五条

## 防御 三之十 共二十七条

《说命》曰：『惟事乃其有备，有备无患。』

《既济·大象》曰：『火在水上，既济。君子以思患而豫防之。』

《小过·九三》：『弗过防之，从或戕之，凶。』

《夬映·九二》：『惕号，莫夜有戎，勿恤。』

《周礼·大司徒》：『以荒政十二聚万民：一曰散利，二曰薄征，三曰缓刑，四曰弛力，五曰舍禁，六曰去几，

七曰眚礼，八曰杀哀，九曰蕃乐，十曰多昏，十一曰索鬼神，十二曰除盗贼。』右上五条

廉范迁云中守，匈奴入塞，虏众盛，而范兵不敌。会日暮，令军士各交缚两炬，三头爇火，营中星列。虏望见，谓汉救兵至，待旦将退。范令军中蓐食，晨往赴之，斩首数百级，虏由此不敢复窥云中。

长孙平为度支尚书，见天下多罹水旱，百姓不给。奏令民间每秋出粟一石以下，贫富为差，储之当社，委社司检校，以备凶年，名曰义仓。自是州里丰衍，民多赖焉。

姚崇为相，山东蝗，遣御史督州县，捕而瘗之。议者以蝗多，除不可尽。崇曰：『借除之不尽，犹胜养之为灾。』明皇从之。卢怀慎以为杀蝗多，恐伤和气。崇曰：『奈何不忍于蝗，忍人之饥而死乎！使杀蝗有祸，崇请当之。』







请敕使察捕蝗勤惰以闻，由是不至大饥。

戴胄为尚书左丞，建义仓之策。其制：自王公以下，爰及众庶，计所垦田，亩税二升，粟麦粳稻之属，各依土产所在，立仓贮之。年谷不登，百姓饥馑，则开仓赈给。

颜真卿为平原太守，安禄山逆状芽蘖，真卿度其必反，阳托霖雨，增陴浚隍，料材壮，储庤廪。日与宾客泛舟饮酒，以纾安禄山之疑。禄山反，河朔尽陷，独平原有备。

郑綮补庐州刺史，黄巢掠淮南，綮移檄请毋犯州境。巢笑为敛兵，州独完。岁满去，赢钱千缗，藏州库。后他盗至，终不犯郑使君钱。

张咏守成都，广武卒刘旰反，遂掠怀安，军破汉州。又掠邛蜀。将趋益，公召上官正谓曰：『贼始发不三四日，破数郡，势方锐，不可击。敢逼吾城，乃送死耳。请出

兵，北至方井，当遇贼，破之必矣。』正即受教，行至方井，果遇贼。一战斩盱，余党悉平。

范仲淹领浙西，吴中饥，公发粟及募民存饷，为术甚备。吴人喜竞渡，好佛事，太守日出宴湖上，自春至夏，居民空巷出游。又谕诸寺主者曰：『饥岁工价至贱，可兴土木之役。』于是诸寺兴工，又新仓廒吏舍，日役千夫。监司奏杭州不恤荒政，及嬉游兴造，伤耗民力。公乃条奏所以宴游兴造，皆发有余之财，以惠贫者。荒政之施，莫此为大。

曾巩通判越州，岁饥，度常平不足仰以赈给。而田居野处之人，不能皆至城郭。至者群聚，有疾疫之虞。前期谕属县召富人，使自实米数。视常平仓价稍增，以与民。民得从便，受粟不出田里而食有余，粟价为平。



范纯仁知襄邑，时旱久不雨，公籍境内舟贾，谕之曰：『民将无食，尔等准以所贩五谷，贮之佛寺，候食缺时，吾为粜之。』所蓄数十万斛。至春诸县皆饥，独境内民不知也。

刘安节知宣州，至州十日，而大水至。公分遣其属，具舟拯溺，而躬督之，尽夜不少休，所活数千人。

吴遵路知通州，州蝗旱，乘民未饥，募富者得钱几万贯。遣人航海籴米于苏秀，使物价不增。又使民采薪刍，官为收买，以直籴官米。至冬大雪，又以原价易薪刍与民。

毕仲游知耀州，谓郡县赈济，多后时，力愈劳而民不救。故先民之未饥，多揭榜示曰：『郡将赈济，且平粜若干万石。』实张大其数，劝谕以无出境。民皆欢然按堵。已而，果渐艰食。乃出粟以赈，且平粜以给之。官粟尽，以民粟继之。邻境流散殆尽，而耀人无逃者。

晦庵先生守南康，值不雨，讲求荒政。后两浙饥，遣公赈济。即日移书他郡，募米商，蠲其征。及公至，米舟已辐辏。日与僚属寓公钩访民隐，至废寝食。分书既定，按行所部，穷山长谷，靡所不到，拊问存恤。又请于朝，询致土居官员士人，诚实练事，为众所服者，一县数人，以礼敦请，令与州县当职官公共措置。右中十四条

胡氏曰：『古者救灾之政，若国凶荒，或发廪以赈乏，或移粟以通用，或徙民以就食，或为粥溢以救饿殍，或兴工作以聚失业之人。缓刑舍禁，弛力薄征；索鬼神，除盗贼；驰射侯而不燕，置廷道而不修，杀礼物而不备。虽有旱干水溢，民无菜色。』



朱子曰：『自古救荒有两说，第一是感召和气，以致丰穰。其次只有储蓄之计。若待饥时理会，更有何策？』

又曰：『今赈济之事，利七而害三。则当冒三分之害，而全七分之利。然必求全，恐并所谓利者失之矣。』

又曰：『救荒之政，蠲除赈贷，固当汲汲于其始。而抚字休养，尤当谨之于其终。譬如伤寒大病之人，方其始时，汤剂针灸，固不可缓。而既愈之后，饮食起居之间，所以将护宣节，少失其宜，则劳复之症，百死一生，尤不可不深畏也。』

又与陈尉论治盗事曰：『凡事仔细体察，思量到人所思量不到处，防备到人所防备不到处，方得无事。』

东莱吕氏曰：『大抵荒政，统而论之，先王有预备之政，上也；修李悝之政，次也。所存蓄积，有可均处，使之

流通，移粟移民，又次也。咸无焉，设糜粥，最下也。』

齐东张氏曰：『古之有民社者，或不幸而值凶荒夭札之变，视其轻重，而有术以处之。或私帑之分，或公廪之发，或托之工役，或假以山泽，或已负蠲征，募籴劝粜，或听民收其遗稚，或命医疗其疹疫。凡可以拯其生者，靡微不至。盖古人视民如子，天下未有子在难，父坐视不救之理也。呜呼！今牧民，其以古人为法，庶无彼我之间也。』

又曰：『故事：蝗生境内，必驰闻于上。少淹顷刻，为患不轻。然长民者，亦须相其大小多寡，为害轻重。若遽然以闻，莅其上者，群集族赴，供张征索，一境骚然。其害反甚于蝗者。其或势微种稚，则当急率众力以图之。不可因细虞，以来大难于民也。』右下八条







## 牧鉴卷八

### 接人四

居官所接之人虽多，愚尝差其位，考其迹而别之，不过十二类，足以尽之矣。盖士夫小民，吾所治之君子小人；僚属吏卒，佐吾治之君子小人；困穷，则势之弱者；黠诈，则质之偏者；宾旅，则以事过者；贵势，则以职临者；流移，则困穷之极，而失其乡土者；背叛，则黠诈之甚，而梗吾政化者；异端，则习之讹者；异类，则种之殊者。为等虽不一，为吾同胞则一。古人于此，体悉之以心，畜遇之有道。故上下相安，远近悦服，诚后人之当范者。

敬掇《经》《传》之言，因人为类，以备接待之鉴。若夫鼓舞以尽神，控御以尽变，则中下之条悉之。脱犹未

备，则又在君子会道于心，以时出焉。

## 士大夫　四之一 共十七条

《洪范》曰：『凡厥庶民，有猷有为有守，汝则念之。』

又曰：『俊民用章。』

《干旄》曰：『孑孑干旄，在浚之郊。素丝纰之，良马四之。彼姝者子，何以畀之！』右上三条

王龚迁汝南太守，好才爱士，引进郡人黄宪、陈蕃等。蕃性气，初到，龚不即召见之，乃留记谢病去。龚怒使除其录，功曹袁阆曰：『《传》曰：「人臣不见察于君，不敢立于朝。」蕃既以贤见引，而不宜退以非礼。』龚改容谢曰：『是吾过也。』乃复厚遇之。由是知名之士，莫不归心焉。

任延拜会稽都尉，有龙邱苌隐居大末，志不降辱。掾吏白请召之，延曰：『龙邱先生躬德履义，有原宪、伯夷



之节。都尉洒扫其门，犹惧辱焉，召之不可。』遣功曹奉谒，修书记，致医药，吏使相望于道。积一岁，苌乃谒府门，愿得先死备录。是以贤士大夫，争往官焉。

陆馥为相州刺史，州中有隐德宿老，名望素重者，以友礼待之。询之政事，责以方略。如此者十，号曰『十友』。

柳仲郢《家法》：『凡居官，始至境内，有孤贫衣缨家女及笄者，皆为选婚，出俸为资装嫁之。』

卢均为岭南节度使，时衣冠得罪放岭表者，因物故，或子姓穷弱，不能自反，为营棺椟还葬。有疾若丧，则给医药殡殓。孤儿稚女，为之婚嫁。凡数百家。

张镇州舒州人，为州都督。到州就故宅，召亲故酣宴十日，赠以金帛。泣与之别曰：『今日张镇州犹得与故人欢饮。明日之后，则舒州都督治百姓耳。』自是犯法者，一

无所纵，境内肃然。

李及知杭州，每访林逋于孤山，望林麓而避道，徒步入其庐。一日微雪出郊，众谓当置酒召客。乃独造逋清谈，至暮而反。逋死，以丧服哭之，拜墓乃归。吴儿自是耻风俗之薄。

陈襄为浦城簿，令缺，独当县事。邑多世族，蒙蔽请托。公惜其士类，不欲遽绳以法。每听讼，必数人环于前，私谒者无所发，由是老奸宿赃，缩手丧气。

程迥为进贤令，暇则宾礼贤士，从容尽欢。进其子弟之秀者，与之均礼，陈说《诗》《书》，质问疑义，无间早暮。隐德潜善，无间幽明，皆表而出之，以厉风俗，俾全节行。右中九条

程子曰：『善言治者，必以成就人才为急务。欲成就







人才，不患禀质之不美，患乎师学之不明也。』

又曰：『选士皆以性行端洁，居家孝弟，有廉耻礼逊，明通学术，晓达治道。』

朱子曰：『士人先要识个礼义廉耻。若寡廉鲜耻，虽能文何用？』

广昌何氏曰：『凡嘱托公事，切不可从。但答曰：「某于他事不敢违，此事恐妨公论，更望裁择可否，何如？」以礼送出，使自知惶愧。若顺其一事，则人不知止，后必难却。一事不从，则怨谤兴矣。』

河东薛氏曰：『儒士固当礼接，亦有本非儒者，或假诗文，或假字画以媒进。一与之款洽，即堕其术中。疏而绝之，亦清心省事之一助。』右下五条

## 僚属 四之二 共二十九条

《皋陶谟》曰：『百僚师师。』

《周官》曰：『推贤让能，庶官乃和。不和政庞。』

《何人斯》曰：『伯氏吹埙，仲氏吹篪，及尔如贯。』

仲弓为季氏宰，问政，子曰：『先有司，赦小过，举贤才。』右上四条

黄霸为颍川守，务在安全长吏。许丞老病聋，督邮白欲逐之。霸曰：『许丞廉吏，虽老病，能拜起送迎，止颇重听。何伤？且善助之，毋失贤者意。』或问其故，曰：『数易长吏，送故迎新之费，及奸吏贪缘绝簿书盗财物，公私费耗甚多，皆当出于民。所易新吏又未必贤，或不如其故，徒相益为乱。凡治道，去其太甚者尔。』

薛宣守冯翊，属吏有杨湛、谢游，皆贪猾不逊，持郡短长，前二千石数案不能竟。及宣视事，诣府谒宣，设酒饭，接待甚备。已而阴求其罪赃，具得所受取。宣察湛有敬宣之效，乃密书晓之。游自以大儒，轻宣，乃独移书显责之，二人得檄，皆解印绶去。又频阳多盗，令薛恭本孝者，职不办。栗邑小，易治，令尹赏久用事吏。宣即奏二人换县，数月两县皆治。宣因移书劳勉之。

袁安为河南尹，未尝以赃罪鞫人。常称曰：『凡学仕者，高则望宰相，下则希守牧。锢人于圣世，尹所不忍为也。』闻之者，率感激自厉。

何武为刺史，二千石有罪，应时辄奏。其余贤不肖，敬之如一。

刘惔迁丹阳尹时，百姓颇有讼官长者，诸郡往往有相举正。惔叹曰：『夫居下讪上，此敝道也。君虽不君，下

安可失礼？若此风不革，百姓将往而不反。』遂寝不问。

苏章迁冀州刺史，故人为清河太守，章行部案其奸赃。乃请太守，为设酒肴，陈平生之好甚欢。太守喜曰：『人皆有一天，我独有二天。』章曰：『今日苏孺文与故人饮酒者，私恩也。明日冀州刺史案事者，公法也。』遂举正其罪。

宋文帝从弟义恭为荆州刺史，戒之曰：『以贵凌物，物不服；以威加人，人不厌。又宜数引见佐吏，相见不数，则彼我不亲，无因得尽人情。人情不尽，何由知众事也？』

许围师为处、相二州刺史，部有受赇者，不忍按，但赐《清白箴》。其人自愧，后修饬，更为廉士。

杜衍历为知州、提举、转运、安抚，未尝坏一个官员。



其不职者，即委之以事，使之不暇惰；不慎者，谕以祸福，俾之自新。从而善迁者甚众。其有文学政事殊行绝德者，虽不识面，未尝不力荐于朝。有一善可称，一长可录者，未尝不随所能而荐之。

韩琦在魏府，僚属路拯者就案白事，而状尾忘书名。公以袖覆之，仰首与语，稍稍潜卷以授之。

赵抃通判泗州，州守昏不事，监司欲罢遣之，公独左右其政，而晦其所以然，若使权不出于己者，守得以善罢。

张咏知益州，单骑赴任。官属惮其严，莫敢畜侍婢。公不欲绝人情，遂自买一婢，以侍巾栉。自此，官属稍稍置姬妾矣。公还阙，呼婢父母，出赀嫁之，乃处女也。

明道先生初官鄠县，有监酒税者以赌播闻。先生将与之同事，其人不自安，曰：『外人谓某自盗官钱，新主簿将发之，某计穷必杀人。』先生笑曰：『足下食君之禄，讵肯为盗？万一有之，将救死不暇，安能杀人？』其人默不敢言。后亦私偿所盗，卒以善去。又佥书镇宁判官，为守者，严刻多忌，通判而下，莫敢与辩事。始意先生尝任宪台，必不尽心职事，又虑其慢己。既而先生事之甚恭，虽管库细务，无不尽心。事小未安，必与之辩，无不从者。相与甚欢。

吕希哲在邢州，刘公安世适守潞州。邢，潞，邻州也。公子疑问，尝劝公与刘公书，通殷勤。公曰：『我素与刘公往还不熟，今岂可先意相结，私相附托耶？』卒不与书。

王质为苏州通判，与知州黄宗旦数争事。宗旦曰：



『少年敢与丈人抗耶？』质曰：『受命佐公，事有当争，职也。』

刘珙知隆兴府，暇日咨访宾寮，讲求利病，率常一一延见，使从容各尽所怀。以故下情宣通，举无过事，而其人之器识长短，亦无隐。

真德秀安抚湖南，知潭州，以『仁廉公勤』四字励寮属。尝会十二县知县议事，以诗送之曰：『从来守令与斯民，都是同胞一体亲，岂有脂膏供尔禄，不思痛痒切吾身。此邦祗似唐朝古，我辈当如汉吏循，今日湘江一卮酒，重烦散作十分春。』右中十七条

或曰：『簿，佐令者也，簿所欲为，令或不欲，奈何？』程子曰：『当以诚意动之。今令与簿不和，只是争私意。令是邑之长，若能以事父兄之道事之，过则归己，

善则惟恐不归于令。积此诚意，岂有不动得人？』

或问：『为官僚言事于其长，理直而不见从也，则如之何？』程子曰：『亦权其轻重而已。事重于去则当去，事轻于去则当留，事大于争则当争，事小于争则当已。』

张子曰：『凡为人上则易，为下则难。然不能为下，亦不能使下必尽其情者也。大抵使人，常在其前，己尝为之，则能使人。』

菊坡崔氏曰：『士夫处同僚，常因小愤而误国家大事。由不能胜己，私治客气。名位相统属，而势不合；文移相关白，而情不通；声色笑貌相周旋，而意不协。事鲜有济。』

齐东张氏曰：『同官有过，不至害政，宜为包容。大抵律己当严，待人当恕。必欲人人同己，天下必无是理。』



又曰：『长贰幕属，各安其分而事其事，天下安有不治哉！惟其小智自私，乖同寅之义，无协恭之诚。衷既不合，则所见必有不同者。少见词色，则彼此俱失矣。若夫事例应尔，而见或不同。居下者，当诚其意，婉其词，卑其容体，以开其上。若犹未允，则俟其退，而语之家。人非木石，无不回之理。或居下者，有所不可。为长者，亦当如是晓之。』

河东薛氏曰：『临属官，公事外，不可泛及他事。』

广昌何氏曰：『处同僚，以礼为主。若时常饮酒，言语亵狎，久则必怠慢。军职，尤勿以酒相交。』右下八条

## 吏卒　四之三 共二十八条

孔子曰：『唯女子与小人为难养也，近之则不逊，远之则怨。』右上一条

韩延寿为左冯翊，接待下吏，恩施甚厚，而誓约明。或欺负之者，延寿痛自刻责：『岂其负之，何以至此？』吏闻，皆自伤悔。

赵广汉为二千石，以和颜接士。其尉荐遇吏，殷勤甚备。事推功，善归之自下，行之出于至诚。吏见者皆输写心腹，无所隐匿，咸愿为用。

栾巴迁桂阳太守，虽吏干卑末，皆令习读，程式殿最，随能升授，政事明察。

秦彭为山阳太守，吏有过咎，罢遣而已，不加耻辱。

魏霸为钜鹿太守，掾吏有过，先诲其失，不改者乃罢之。吏或相毁诉，霸辄称他吏之长，终不及人短。言者怀惭，谮讼遂息。

薛宣在郡，日至休吏，贼曹掾张扶独不肯休。宣出教



曰：『盖礼贵和，人道尚通。日至，吏以令休，所由来久。曹虽有公职事，家亦望私恩意。掾宜从众，归对妻子，设酒肴，请邻里，一相笑乐，斯亦可矣。』扶惭愧。官属善之。

刘宽历典三郡，吏人有过，用蒲鞭罚之，示辱而已，终不加苦。事有公善，推之自下。

第五伦迁蜀都太守，蜀地肥饶，人吏富实。掾吏家赀多至千万，皆以财自达。伦悉简其丰赡者，遣还之，更选孤贫志行之人，以处曹任。于是争赇抑绝，文职修理。

韦丹为江南西道观察使，有吏主仓十年。丹复其粮，亡三千斛。籍其家，尽得文记，乃权吏所夺。召诸吏曰：『若恃权，取于仓，罪也。』与约期一月还之，皆顿首谢，及期无敢违。

张咏守蜀，讨刘旰兵回，有以首级求赏者。公曰：

『当奔突交战之际，岂暇获其首耶？』于是先录中伤破体之功。带首级者，次之。军中以公赏罚至当，相顾欢跃。

韩琦帅定州，夜作书，命一卒持烛。卒旁视，烛然公须。公遽以袖摩之，而作书如故。少倾回视，则已易其人矣。公恐主吏鞭之，亟呼视之曰：『勿易，渠已解把烛矣。』

明道先生官鄠县，时府境水害，仓卒兴役。诸邑皆狼狈，惟先生所部，饮食茇舍，无不安便。虽甚暑泄利大行，死亡甚众，独鄠人无死者。所至治役，人不劳而事集。常曰：『吾之董役，乃治军法也。』在江宁，地当水陆之冲，舟卒病者则留之，为营以处，曰『小营子』，岁不下数百人，至者辄死。盖既留，然后请于府，给券乃得食。比有司文具，则困于饥已数日矣。先生知其由，白漕司给米贮营中，至者与之食。自是生全者大半。措置于纤微之间，人已受



赐。如此之比，所至多矣。

段少连为两浙转运使，部吏有过，召诘之曰：『闻子之所为如此，有之乎？有当告我，我容汝自新。苟以为无，吾不使善人被谤，即为汝辩明。』吏不敢欺，皆以实对。少连得其情，谆谆戒饬使去。

赵鼎知绍兴府，惟以束吏恤民为务。每言：『不束吏，虽善政不能行。盖除害，然后可以兴利。』吏初或惮其严，已而皆安其政。

刘珙在铨曹时，苦萋斐为奸，思有以制之。一日命张幕设案于庭，置令式其中，使选集得出入翻阅，与吏辩。吏无得藏其巧，人甚便之。

崔与之为广西提刑，循历州郡，所随兵吏不给券，携缗钱自随，计日给之。右中十六条

或问御吏，程子曰：「正己以格物。」

朱子曰：『有国家者，犹以近习伤德害政，况吾徒乎！然亦非必绝之，但吾清心省事，接之以时，遇之以礼，彼将自疏。』

又曰：『看道理辩事非，须是自高一著。今做官人，那个不说先著御吏？少间无不拱手听命于吏者。这是自家不见得道理，事来都区处不下。吏人弄得惯熟，却见得他高，只得委任之。』

又曰：『胡致堂言：「吏人，不可使他知道恤他之意。」此说极好。小处可恤，大处不可恤，三五十钱可恤，若有人来理会，亦须治他。』

吕氏本中曰：『后生少年，乍到官守，多为猾吏所饵，不自省察。所得毫厘，而一任之间，不复敢举动。大抵作官嗜利，所得甚少，而吏所盗不赀矣。以此被重谴，良可





惜也。』

西山真氏曰：『乡村小民，畏吏如虎。纵吏下乡，犹纵虎出柙也。弓手士军，尤当禁戢。』

齐东张氏曰：吏佐官治事，其人不可缺，而其势最亲。惟其亲，故久而必至于无畏；惟其不可缺，故久而必至于为奸。欲其有所畏，莫若自严；欲其不为奸，莫若详视其案也。严者非厉声色，绝其馈遗而已。详视其案，非吹毛求疵，理其纲领而已。盖事无巨细，皆资案牍以行，少不经心，则奸伪随出。大抵使不忍欺为上，不能欺次之，不敢欺又次之。不忍欺在德，不能欺在明，不敢欺在威。三者，度己所能而处之，庶不为彼所侮矣。』

又曰：『诸吏勿使纵游民间，纳交富室，以泄官事，

以采讼端，以启幸门也。暇则召集讲经读律，多方羁縻之，则自然不横矣。』

又曰：『左右非公故毋与语，非公遣毋使与百姓相往来。若辈小人，威以莅之，犹恐为患，一或解严，必百无忌惮矣。』

河东薛氏曰：『待小人当严而惠。』

广昌何氏曰：『皂隶照依品级名数佥给，年终，更替其久惯年深者，俱各退出，勿令存于左右，引诱蛊惑心术。』右下十一条

## 小民　四之四　共十九条

《五子之歌》曰：『民可近，不可下。』

《康诰》曰：『小人难保，往尽乃心。无康好逸豫，乃其乂民。我闻曰：『怨不在大，亦不在小。』惠不惠，懋不







懋。』

又曰：『若有疾，惟民其毕弃咎。若保赤子，惟民其康乂。』

《召诰》曰：『勿以小民淫用非彝，亦敢殄戮用乂民，若有功。』

《无逸》曰：『厥或告之曰：「小民怨汝詈汝。」则皇自敬德。厥衍，曰：「朕之愆。」允若时，不啻不敢含怒。』

《蔡仲之命》曰：『民心无常，惟惠之怀。』

周公曰：『不简不易，民不有近。平易近民，民必归之。』

孟子曰：『无恒产而有恒心者，惟士为能。若民，则无恒产，因无恒心。苟无恒心，放辟邪侈，无不为已。及陷于罪，然后从而刑之，是罔民也。焉有仁人在位，罔民而

黄香为魏郡太守，被水年饥，分俸禄及常赐班赡贫者，于是丰富之家，各出义谷助官廪。

王望迁青州刺史，州郡灾旱，望行部，见饥者裸行草食，愍然哀之。因以便宜出布粟衣食之。事毕上言，帝以望不表请，下百官议罪。众皆以为专命有常条。钟离意独曰：『昔华元子反，楚宋之良臣，不索君命，擅平二国。《春秋》之义，以为美谈。今望怀义忘罪，当仁不让。若绳之以法，将乖圣朝爱育之旨。』帝嘉意议，赦而不罪。

第五访补新都令，政平化行，户增十倍。迁张掖太守，岁饥乃开仓赈给，吏惧谴，争欲上言。访曰：『若须上报，是弃民也。太守乐以一身救百姓。』遂出谷赋人，顺帝玺书嘉之。

公孙景茂自汝南迁守道州，悉以物俸买牛犊鸡豚，



散惠孤弱不自存者。

苏琼为清河太守，郡界大水，人灾绝食者千余家。琼普集郡中有粟家，自从贷粟给付饥者。州计户征租，复欲推其贷粟。纲纪谓琼曰：『虽矜饥馁，恐罪累府君。』答曰：『一身获罪，且活千室，何所怨乎！』遂上表陈状，使检皆免，人户保安。此等相抚儿女，咸言『府君生汝。』

任昉出为义兴太守，岁荒民散，以私俸豆米为粥，活三千余人。时产佚者不举，昉严其禁，罪同杀人。孕者供其资费，济者千家。

韩愈刺袁州，以男女为隶，过期不赎，则没入之。公至，悉计庸得赎所没，归之父母者，七百余人。因与约，禁其为隶。

阳城刺道州，州产侏儒，岁贡之朝，城哀其生离，无

所进。帝使求之。奏曰：『州民尽短，若以贡，不知何者可贡。』自是罢贡，州人感之。

员半千调武陟尉，岁饥，白令殷子良发粟赈民不从，及子良谒州，半千悉发之，下赖以济。刺史大怒因半千。会薛元超持节度河，责刺史曰：『有民不能恤，使惠出一尉。又何罪耶？』释之。

柳公绰洎子仲郢，父子更九镇，五为京兆，再为河南。每旱潦必贷匮蠲负，里无逋家。

韩琦益利路饥，仁宗以公为体量安抚使。既至，蠲咸税以募人入粟，招募壮者，以等第，刺为厢禁军。一人充军，数口之家得以全活。檄剑门关，流民欲东者勿禁。简州艰食为甚，公阅库贮有先赈济余钱千缗，发库尽以给四等以下户。逐贪残不职吏，罢冗役七百六十人。为饘粥，活饥人一百九十余万。



陈尧佐知寿州，遭岁大饥，自出米为糜，以食饿者。吏民以故皆争出米，活数万人。尧佐曰：『吾岂以是私惠耶！盖以令率人，不若身先而使之从也。』

范纯仁知庆州。饿殍满路，官无谷以赈恤。公欲发常平封桩粟麦以济之，州郡皆欲奏请得旨而后散。公曰：『人七日不食则死，何可待报？诸公但勿预，吾宁独坐罪！』

陈襄知常州，召还，阅公帑得杂收无名钱数百万。因召积年有官逋未偿，情可矜而力不足者，悉以代输之。盖公淡于宴乐，故有余足以周物。

明道先生初令晋城，度乡村远近为伍保，使之力役相助，患难相恤，而奸伪无所容。凡孤茕废疾者，责之亲戚乡党，使无失所。行旅出于其途者，疾病皆有所养。后令扶沟，水灾民饥。先生请发粟赈贷，邻邑亦请，司农怒，遣使阅实。邻邑遽自陈谷且登，无贷可也。使至谓先生：『盍亦自陈？』先生不肯。使者遂言不当贷，先生力言不已，遂得谷六千石，饥者用济。而司农益怒，视贷籍户同等而贷不等，檄县杖主吏。先生言：『济饥当以口之众寡，不当以户高下。且令实为之，非吏罪也。』乃得已。

黄震知抚州，州旧有慈幼局，为贫而弃子者设，久而名存实废。乃损益其法，凡当娩而贫者，里胥请于官赡之，弃者许人收养，官给粟所收家。全活者众。

许份知邓州，邻路饥流亡系道，邓州赖公独全。诏公赈济，公置场列室，具器用，异旗物，为鼓给食。率三日一诣，问饥饱，而劳苦其病羸。凡十月，全活饥民二万六千





九百有奇。

刘铪为丰城尉，岁饥多盗，旁邑率以捕杀希赏。公曰：『此饥民救死耳。』率豪右出谷赈恤之。存活甚众，盗亦戢。此与王曾不以强盗论胁取困积，张咏不以冒禁罪贩盐者，此宽常刑以济饥困，可谓达权矣。二事录刑罚下，观者互考可也。○右中二十条

程子曰：『救饥，使之免死而已，非欲其丰肥也。常择宽广之处宿，戒使辰入，至巳则阖门不纳。午后而与之食，申而出之。日得一食，则不死矣。其力自能营一食者，皆不来矣。比之不择而与者，当活数倍之多也。』

又曰：『凡济饥，常分两处。择羸弱者，作稀粥早晚两给，勿使至饱，俟元气稍宽，然后一给。第一先营宽广处，切不得令相枕藉。如作粥饭，须官员亲尝。恐生及入石灰。或不给游手，无此理也。平日当禁游惰，至其饥饿，哀怜之一也。』

朱子曰：『《西铭》曰：「凡天下之疲癃残疾、茕独鳏寡，皆吾兄弟之颠连而无告者。」君子为政，且要主张这一等人。』

广昌何氏曰：『某于温州，常令老人巡视属民。但有典卖妻妾、子女、房屋，即询其故。若因官事、税粮，即优恤劝借赔纳；若因死丧，即令邻保相助。数年之间，少有流移失业。』右下四条

## 黠诈 四之六 共二十七条

《遁》之《大象》曰：『天下有山，遁。君子以远小人，不恶而严。』

《系词下·传》曰：『小人不耻不仁，不畏不义，不见利不劝，不威不惩。』

《君陈》曰：『尔无忿疾于顽，无求备于一夫。』



《民劳》曰：『无纵诡随，以谨惛怓；式遏寇虐，无俾民忧。』

子路治蒲，曰：『邑壮难治，何也？』子曰：『恭而敬可以摄勇，宽而正可以怀强，爱而恕可以容困，温而断可以抑奸。则政不难矣。』右上五条

严延年为涿郡太守，大姓西高、东高氏，自郡吏以下莫敢与悟。咸曰：『宁负二千石，无负豪大家。』宾客放为盗，人道路死，弯弓拔刃，然后敢行。延年至，遣吏赵绣案之，得其死罪。绣见延年新将，心内惧，即为两劾。欲先白其轻者，观延年意怒，乃出其重劾。延年已知如此，绣至白其轻者，延年索怀中，得重劾。即收送狱，先所案死，更遣吏分考两高，穷竟其奸，诛杀各数十人。郡中震恐。

陈龟拜京兆尹，时三辅豪强之族，多侵枉小民。龟到

厉威严，悉平理其怨屈者，郡内大悦。

班伯为定襄太守，郡闻伯素贵，年少自请治剧，畏其下车作威，吏民悚息。伯至请问耆老、父祖故人有旧恩者，迎延满堂。日为供具，执子孙礼，郡中益弛。诸所礼宾皆名豪，怀恩醉酒，共谏伯宜颇摄录盗贼，具言本谋亡匿处。伯曰：『是所望于父师矣！』乃召属县长史，选精进掾吏，分部收捕。及他隐伏，旬月尽得。郡中震栗，咸称神明。

赵广汉为京兆尹，善为钩距以得事情，闾里铢两之奸皆知之。长安少年数人会穷里空舍，谋欲劫人，坐语未讫，广汉使吏捕治，皆服。富人苏回为郎，二人劫之。广汉将吏到其家，自立庭下。使晓贼曰：『京兆尹赵君谢两卿无杀质，此宿卫臣也。』二人惊愕，即开户出，下堂就捕。



张敞尹京兆，京兆自赵广汉诛后，比更守尹皆不称职，偷盗众多。上以问敞，敞曰：『可禁。』既视事，求问长安父老。偷盗酋长，居皆温厚，出从童骑，闾里以为长者。敞召见责问，因贳其罪，弛其宿负，令致诸偷以自赎。偷长曰：『今一旦召诣府，恐诸偷惊骇，愿一切受署。』敞皆以为吏，遣归休置酒，小偷悉来贺，且饮醉，偷长以赭污其衣裾。吏坐闾里，阅出污赭辄收缚之。一日捕得数百人，穷治所犯，或一人百余发，尽行法罚。由是桴鼓稀闻，市无偷盗，天子嘉之。

韩延寿由颍川入守左冯翊，所至置正五长，相率以孝弟，不得舍奸人。闾里阡陌有非常，吏辄闻之，奸人莫敢入其界。

尹赏守长安，令捕诛群盗，率十置一。所置皆其魁宿，或故吏善家子，失计随轻黠愿自改者，皆贳其罪，诡令立功以自赎。尽力有效者，因亲用之为牙爪。追捕甚精，甘嗜奸恶，甚于凡吏。

韩褒为雍州刺史，州北山多盗，褒密访皆豪右所为，而阳不之知，厚加礼遇。谓曰：『刺史起自书生，安知督盗？所赖卿等分其忧耳。』乃悉召杰黠少年，素为乡里患者，署为主帅，分其地界。有盗发而不获者，以故纵论。于是诸被署者莫不惶惧，皆伏首曰：『前盗发者，并某等为之。』所有从旅皆列其姓名，或亡命隐匿者，亦悉言其所在。褒乃簿而藏之，因榜州门曰：『行盗者可急来首，尽今月不首，显戮其身，籍没妻子，以赏前首者。』旬月，诸盗首尽。褒取名簿勘之，一无差异。并原其罪，许以自新，由是群盗屏息。



杨于陵为京兆尹，先是编民多窜北军籍中，倚以横闾里。于陵请限丁制，减三丁者，不得著籍，奸人无所影射。

吴育为政简严，其治开封尤先豪猾，曰：『吾何以及人？去其为害者而已。』

曾巩知齐州，以疾奸急盗为本，曰：『为人害者不去，则吾民不宁。』属民为保伍，使讥察其居人，有盗则鸣鼓相援。又设方略，明赏购，急追捕，且开人自言，故盗发辄得。有郭友者名在捕中，一日自出首，巩饮食衣冠之，假以骑从，辇其所购金帛，随之夸视四境。盗闻多自出首。巩外示章显，实欲携贰其徒，使不能复合，自是外户不闭。

明道先生令扶沟，广济蔡河出县境，濒河不逞之民，

《大学》曰：『所恶于下，毋以事上。』右上三条

尹翁归，初征拜东海守，过辞廷尉于定国。定国家在东海，欲托邑子两人，令坐后待见。定国与语终日，不敢见其邑子。既去，谓邑子曰『此贤，不敢干以私。』

任延拜武威太守，光武戒之曰：『善事上官，无失名誉。』延对曰：『臣闻忠臣不私，私臣不忠。履正奉公，臣子之节。上下雷同，非陛下之福。善事上官，不敢奉诏。』

虞延迁洛阳令，阴氏有客马成常为奸盗，延收考之。阴氏累请，得一书辄加搒二百。阴就谮延多所冤枉，光武乃亲录囚徒。延陈狱状，可论者在东，无理者居西。成欲回趋东，延前执之曰：『尔人臣之蠹，久依城社，不畏熏烧。今考实未竟，宜当尽法。』成大呼称枉。帝知延不私，呵使速去，后数日伏诛。于是，外戚莫敢干法。



董宣为洛阳令，湖阳公主苍头，白日杀人匿主家，吏不能得。主出行以奴参乘，宣候之，数主之失，叱奴下车，因格杀之。主诉帝，帝大怒，召宣欲棰杀之。宣曰：『陛下圣德中兴，而纵奴杀人，何以治天下乎？臣请自杀。』即以头击楹，流血被面。帝命小黄门持之，使叩头谢主，宣不从，强使顿之，两手据地不俯。因敕强项令出，赐钱三十万。

陈实为郡功曹，时中常侍侯览，托太守高伦用吏。伦教署为文学掾，实知非其人，怀檄请见，言曰：『此人不能用，而侯常侍不可违。实乞从外署，不足以尘明德。』伦从之。于是乡论怪其非举，实终无所言。后伦被征，始与郡大夫言其故。

史弼拜河东太守，被一切诏书，当举孝廉。弼知权贵

请托，乃预断绝私书属。中常侍侯览果遣诸生赍书请之，积日不得通。乃托他事诣弼，因达览书。弼大怒曰：『太守选士报国，尔何人？伪诈无状。』付安邑狱，即日考杀之。

顾觊之为湘州刺史，吴郡太守幸臣戴法兴，权倾人主。觊之未尝低意，常谓：『命有定分，非智所移。惟恭己守道，信天任运。而暗者不达，妄意侥幸，徒亏雅道，无关得丧。』

苏颋检校益州，皇甫恂使蜀，檄取库钱市锦。颋不肯与，因上言遣使衔命先取不急，非陛下意。或谓曰：『公在远，讵得忤上意？』答曰：『明主不以私爱夺至公，吾可以远近废臣节耶！』

苏瓌为歙州刺史，时来俊臣贬州参军，人惧复用，多





致书请瓌。瓌叱其使曰：『吾忝州牧，高下自有体，能过待小人乎？』遂不发书。

李元纮为雍州司法参军，时太平公主势震天下，百司顺望风指，尝与民竞碾硙，元纮还之民。长史大惊，趣改之。元纮大署判后曰：『南山可移，判不可摇。』

刘齐贤由侍御出为晋州司马。高宗以其方直，尊惮之。时史兴宗从猎苑中，言晋州佳鹞可捕。帝曰：『齐贤岂捕鹞人耶？安得以此待之。』

崔隐甫迁洛阳令，梨园子弟胡雏善笛有宠，尝负罪匿禁中。元宗以他事召隐甫，指曰：『就卿丐此人。』对曰：『陛下轻臣，而重乐工，请解官。』再拜出，帝遽谢，与胡雏，隐甫杀之。拜御史大夫。

元德秀为鲁山令，元宗在东都，命三百里县令刺史，

拾无所得。右中二十三条

或劝伊川加礼贵近，先生曰：『不见责以尽礼。而责以加礼，礼尽则已，岂有加也？』

吕氏本中曰：『凡治事，有涉权贵，须平心看理之所在。若其有理，固不可避嫌疑，故使之无理；若其无理，亦不可畏祸，曲使之有理。便见得无理，只须作寻常公事看，断过后不须拈出说。寻常犯权贵取祸者，多是张大其事，邀不畏强御之名，所以彼不能平。若处得平稳妥帖，彼虽不乐，视前则有间矣。然所以不欲拈出者，本非以避祸，盖此乃职分之常，若特看作一件事，则发处自已不是矣。』

广昌何氏曰：『权势凌辱有司，由内而擢外任者，人视之若不堪。然君子志于泽民，不以外至者为荣辱。跪拜之礼，不必与人争，唯修己安民可也。』右下三条







## 牧鉴卷十

### 流移 四之九 共十二条

《绵》曰：『乃慰乃止，乃左乃右；乃疆乃理，乃宣乃亩。』

《鸿雁》曰：『鸿雁于飞，集于中泽；之子于垣，百堵皆作。虽则劬劳，其究安宅。』右上二条

韩韶为嬴长，流民入县界，求索衣粮者甚众。韶悯其饥困，乃开仓赈之。主者争不可。韶曰：『长活沟壑之人，而以此负罪，含笑入地矣』！太守素知韶名德，竟无所坐。

郑浑为京兆尹，时百姓新集，为制移居之法，使兼复者与单轻者相伍，温裕者与孤寒者为比。

张延赏为淮南节度使，岁旱民他徙。延赏曰：『拘此

旧之托，与夫室庐执席之具，医药饮食之需，则其舆曳驱驰，暴露饥渴，而转乎沟壑也必矣。先王之政，道路庐舍委积之法，至详至密，而不闻及此，岂有司者因失其传耶？」

齐东张氏曰：『尝见一显官于凶年，市流民子女殆数十人，美且壮者皆奴、妾之，余将赂时要，以希恩宠。余闻而颦蹙曰：「使其困惫吾境，已得罪矣。不能救而反奴、妾之，不大获罪于法耶？」故感而书，以戒来者。』右下二条

## 背叛 四之十 共十六条

孔子曰：『远人不服，则修文德以来之。既来之，则安之。』

《胤征》曰：『歼厥渠魁，胁从罔治；旧染污俗，成与维新。』右上二条







龚遂拜渤海太守，先是渤海岁饥盗起，上选能治者，众举遂。召见，问何以治盗。对曰：『海濒遐远，不沾圣化。民困于饥寒，而吏不恤。故使陛下赤子弄兵潢池中尔。今欲使臣胜之耶，将安之也？』上曰：『固安之也。』遂曰：『臣闻治乱民，犹治乱绳，惟缓之然后可治。臣愿丞相御史，且无拘臣以文法，得一切便宜从事。』上许之。郡闻守且至，发兵以迎。遂皆遣还，移书敕属县：『罢逐捕吏，诸持田器者皆为良民，吏毋得问，持兵乃为贼。』遂单车至府。盗贼闻遂教令，即时解散，弃其兵弩，而持钩鉏。于是悉平，民安土乐业。

张纲忤梁冀，思有以中伤之。时广陵贼张婴寇乱徐扬间，积十余年。乃以纲为广陵太守，纲单车径诣婴垒门，婴大惊走闭垒，纲于门外罢遣吏兵，留十余人，以书

谕婴，请与相见。乃出拜谒纲，延致上座。譬之曰：『前后二千石，多肆贪暴，故致公等怀愤相聚，二千石信有罪矣。然公所为者，又非义也。主上仁圣，欲以文德服叛，故遣太守来。今诚转祸为福之时也。若闻义不服，天子震怒，荆扬兖豫大兵云合，身首横分，血属俱绝。二者利害，公其深计之。』婴闻泣下曰：『荒裔愚民，不堪侵枉，相聚偷生，若鱼游釜中，喘息须臾耳。今闻明府之言，乃婴等更生之辰也。』明日，即将所部万余人降，纲单车入垒，置酒为乐。散遣部众，任从所之。亲为卜居宅，相田畴。子弟欲为吏者，皆引召之。人情悦服，南州晏然。

虞诩迁朝歌长，时邑有盗，故旧皆吊之。诩笑曰：『不遇盘根错节，无以别利器，此乃吾立功之秋也。』到官设三科以募壮士，掾吏以下各举所知。攻劫者为上，伤人



偷盗次之，不事家业者为下。收得百余人，贳其罪，使入贼中，诱令劫掠。乃伏兵以待之，杀数百人。又潜遣贫能缝者，庸作贼衣，以彩线缝其裙，有出市里者，吏辄擒之。贼由是骇散。

冯鲂拜郏令，为县贼延褒等攻围。鲂力战连日，弩矢尽城陷，鲂遁去。帝闻郡国反，即驰赴颍川。鲂诣行在所，帝按行斗处，知鲂力战，嘉之曰：『此健令也。』褒闻帝至，将其众请罪，帝悉还鲂诛之，鲂责让以行军法。皆叩头曰：『今日受诛，死无恨。』鲂曰：『汝知悔过伏罪，令一切相赦，为令作耳目。』皆称万岁。时每有盗，并为褒等所发，无敢动者。

李固，永和中荆州盗起，以固为荆州刺史。固到遣吏赦寇前衅，与之更始。于是贼帅自缚归首，固皆原之，遣

还使自相召集。半岁间，余类悉降。徙泰山太守，盗贼屯聚积年，追讨不能制。固到悉罢遣归。但选百余人，以恩信召诱之。未满岁，贼皆弭散。

何夔迁长广太守，县人管承徒众三千余家为寇害，议者欲举兵攻之。夔曰：『承等非生而乐乱，习于乱而不能自还。徐谕以恩德，可不烦兵而定。』乃遣郡丞黄珍往陈成败，承等请服。

李崇为荆州刺史，初之任，巴氐乱，郡县发兵送之。崇辞曰：『边人失和，本怨刺史。今奉诏代之，自然安靖，但须一诏而已，不须发兵自防，失之怀惧也。』遂径将数十骑，驰至上洛，宣诏慰谕。民夷帖然。徙兖州，兖旧多劫盗。崇命村置一楼，楼皆悬鼓。盗发之处，乱击之。旁村始闻者，以一击为节，次二次三，俄顷之间，声闻百里，皆发



人守险，由是盗无不获，诸州皆效之。

狄仁杰使岐州，亡卒剽行人道不通，官捕系穷讯，而余曹纷纷不能制。仁杰曰：『其计穷且为患。』乃开『首原格』，出系者廪而纵之，使相晓，皆自缚归。帝叹其达权宜。

张咏守蜀，兵火之余，人怀反侧。一日，合军大阅。始出众遂嵩呼者三，公亦下马，东望而三呼，复揽辔行。众不敢谨。或以告魏公，公曰：『当是时，琦亦不敢措置。』

明道先生为镇宁节度判官，中人程昉为都水丞，塞二股河，请清河卒八百人，佐其役。天方大寒，肆其虐用，众逃而归。将入城，众官畏昉，欲弗纳。先生曰：『此逃死自归，弗纳必为乱，昉有言某自当之。』即亲往开门为抚谕，约归休三日复役，众欢呼而入。具以上闻，得不复追。

文彦博知益州，夜宴未罢，从卒拆马庑为薪。军校白

之，公曰：『天实寒，可拆与之，』饮宴如故，卒气沮，无以为变。

卢琦为永春令，多善政。邻邑仙游盗发，琦适在邑境。盗遥见之，迎拜曰：『此永春大夫也，为大夫百姓者，何幸之大平！吾邑长以暴驱我，故至此耳。』琦因立马喻以祸福，众皆投刃槊，请缚其酋以自新，琦许之。酋至琦械送帅府，自是威惠行于境外。右中十二条

程子曰：『古人所以能化奸凶为善良，革仇敌为臣民者，由弗绝也。』

宏斋李氏曰：『寇岂必皆恶！然其如是，诚以有司贪刻者激之，及将校之要功者逼成之耳。反是而行之，则皆良民矣。』右下二条







## 异端 四之十一 共十三条

孔子曰：『攻乎异端，斯害也已。』

孟子曰：『恶乡原，恐其乱德也。』

又曰：『归，斯受之而已矣。』

又曰：『君子反经而已矣。经正，则庶民兴；庶民兴，斯无邪慝矣。』右上四条

宋均为辰阳令，县有唐后二山，民共祠之。众巫遂取百姓女，以为公妪。岁岁改易，不敢嫁娶。守令莫禁。均下书曰：『今后为山娶者，皆取巫家，勿扰良民。』于是遂绝。

此与西门豹治河伯娶妇事同。皆足以拔奸原而正民俗。然彼治之似过于酷，不若此从容和平，而宿弊亦除，尤得牧民之体。故黜彼而录此。

第五伦为会稽太守，郡俗多淫祠，常年以牛祭神，百姓财产以之困匮。伦到官移书属县，晓告百姓：『巫祝有依托鬼神，诈怖愚民，皆案论之，有妄屠牛者，吏辄行罪。』

后遂断绝，百姓以安。

苏琼守清河，济州沙门道研统，资产钜富，在郡多出息，常得郡县为征。亟欲求谒，琼度其意，每见则谈问元理。研虽为债数来，无由启口。其弟子问其故，研曰：『每见府君，径将我入青云间，何由得论地上事？』师徒还，遂共焚券。今异端无声势如此盛者，可用为待一等士夫之法。

张咏知益州，民间讹言，有白头老翁，午后食人男女。公召犀高谓曰：『近讹言惑众，汝归县去，访市肆中归附人，尚为乡里患者，必大言其事，但立证解来。』明日果得之，公遂戮于市。即日帖然，夜市如故。公曰：『妖讹之兴，沴气乘之。妖则有形，讹则有声。止讹之术，在乎识断，不在厌胜。』

孔道辅在宁州，道士治真武像，有蛇穿其前，数出近



人，人以为神。州将欲视验以闻，故率其属往拜之。而蛇果出，公即举笏击杀之。州将以上皆大惊，已而又皆大服。

明道先生为鄠县主簿，南山僧舍有石佛，岁传其首放光，远近男女聚观，昼夜杂处。为政者畏其神，莫敢禁止。先生始至，诘其僧曰：『吾闻石佛岁见光，有诸？』曰：『然。』戒曰：『俟其光见，必先白。吾职事，不能往，当取其首就观之。』自是，不复有光矣。又为上元簿。茅山有龙池，其龙如蜥蜴而五色。祥符中，中使取二龙，至中途，奏一龙飞空而去。自昔奉以为神物。先生尝捕而脯之，使人不惑。右中六条

东莱吕氏曰：『当官者，凡异色人，皆不宜与之相接。巫祝尼媪之类，尤宜疏绝。要以清心省事为本。』

侧，对之痛哭，而谓之曰：『此物饥不可食，寒不可衣，汝等以此相灭，不可胜数。今将此来，欲杀我耶？』一无所纳。于是蛮夷感悟，不相攻击。

李大亮有文武才略，高祖入关，授土门令。胡兵大至，大亮度不能拒，乃单骑诣豪帅，为分别祸福。众感服，遂相率降。大亮杀所乘马与之食。

李勉拜岭南节度使，西南夷舶，岁至才四五，讥视苛谨。勉既廉洁，又不暴征。明年至者，乃四千余柁。

柳公绰为河东节度使，先是回鹘入贡及互市，所过惧其为变，常严兵防卫。公绰至镇时，回鹘遣梅录李畅以马万匹互市。公绰但遣牙军，单骑巡劳于境。至则启牙门，受其礼谒。畅感泣，戒其下无得侵扰。沙陀素骁勇，为九姓六州胡所畏伏。公绰奏以其酋朱邪执宜为山阴都







督，使居塞下，捍御北边。执宜入谒，神采严整，进退有礼。公绰谓下曰：『执宜外严而内宽，言徐而理当，福禄人也。』使夫人与其母妻饮酒，馈遗之。执宜感恩，为之尽力，自是虏不敢犯塞。

李载义为河东节度使，先是回鹘每入贡，所过暴掠，州县不敢诘。载义至镇，回鹘使者李畅入贡。载义谓之曰：『可汗遣将军入贡修好，非遣将军陵践上国也。将军不戢部曲，使之侵盗。载义亦得杀之，勿谓中国之法可忽也。』于是悉罢防卫之兵，但使二卒守门。畅不敢犯令。

韩琦守大名，孙和甫奉使虏中，过魏请教。公曰：『勿以为夷狄而鄙薄之，甚善。』

种世衡知环州，有羌人牛奴讹，素屈强，未尝出见州官。闻世衡至，乃来郊迎。世衡与约：『明日当至其帐，慰

劳部落。』是夕雪深三尺，左右曰：『奴讹凶诈难信，且道险，不可行。』世衡曰：『吾方以信结诸胡。』遂冒雪而往，奴讹大惊，率部落罗拜，皆感激心服。

薛慎为湖州刺史，州界即杂蛮夷，常以掠夺为务。慎率诸豪帅，具宣朝旨，仍令首领，每月一参。每见必殷勤劝戒，仍赐酒食。一年之间，翕然从化。诸蛮乃相谓曰：『今日始知刺史，真民父母也。』

欧阳元为武冈尹，时赤水大清诸獠聚众相攻杀，官曹相顾失色，计无从出。元即日单骑，从二人，径抵其地谕之。至则死伤满野，战斗未已。獠人熟元名，弃兵仗罗拜马首曰：『我曹非不畏法，缘诉某事于县，县官不为直，反以徭役横敛掊克之，情有弗堪，乃发愤就死耳。不意烦我清廉官自来。』元谕以祸福，归为理其讼，獠人遂安。右中十二条







龟山杨氏曰：『蛮獠猖獗，自古然也。缓之则豺噬豨勇，干纪而不受命，急之则鸟惊鱼散，依险以自匿，盖其常态也。不务抚驯之，使恩威两行，乃欲幸其有事，草薙而禽狝之，以求有功。一有失律，则败衄不支，上贻朝廷忧，此边吏之大弊也。』

齐东张氏曰：『远方獠民，虽反侧不常，亦必有由矣。或贪其财，或蹙其境，或俘其子女，或蔑其官属，以致蚁聚蜂屯，肆其酷毒。苟安之而不扰，外之而无所事。虽欲忿，然无自而发。政使或尔，但严守己界，恬不与校，久而彼自驯伏矣。』右下二条